# DE L'AVENIR DE LA FRANCE

## OU

### FIN DE UN DINER.

Imprmié par F. A. Brockhaus à Leipzig.

# DE L'AVENIR

## DE LA

# FRANCE

## OU

### *FIN DE UN DINER.*

PAR ****

AUTEUR DE UN DINER, DE LA VÉRITÉ POLITIQUE ETC. ETC.

Les troubles politiques de la France ne
sauraient enfanter une révolution sociale.

LEIPZIG ET PARIS,

CHEZ BROCKHAUS ET AVENARIUS,

LIBRAIRIE FRANÇAISE-ALLEMANDE.

1840.

# AVIS DE L'ÉDITEUR.

De l'avenir de la France. — Cette question se présentait naturellement comme la matière d'une discussion contradictoire, et l'auteur en a fait le sujet d'une conversation entre deux manières de voir opposées. Cet opuscule écrit déjà depuis quelque temps, sous le dernier ministère, n'a rien perdu de son prix et de son à-propos, et nous espérons que le lecteur y trouvera tout l'intérêt qui s'attache à cette importante question.

## M. A.

Nous sommes d'accord sur bien des points, et je ne sais vraiment si nous arriverons à une discussion.

## M. B.

Vous le savez; il ne faut discuter en politique que lorsqu'on est de la même opinion. En principe je suis comme vous, conservateur, par amour de la liberté; partisan du progrès, par amour de l'ordre. Nous voulons la même chose; en voyons-nous la réalisation par les mêmes moyens?

## M. A.

Poursuivons donc; vous pensez avec moi que tout a été essayé en France; tout, excepté la vérité, et que si quelque chose peut enfin satisfaire et asseoir le pays, c'est d'entrer en tout et partout dans la sincérité du gouvernement représentatif.

## M. B.

Si la position n'est pas irrémédiable, si quelque chose peut encore rendre la vie possible, nous pouvons le supposer, c'est la sincérité pratique de vos institutions, et il faut en faire l'essai. Si cet essai, suivi franchement, consciencieusement, sans possibilité d'argumenter contre personne ou de tiédeur, ou de mauvais vouloir, ou d'arrière pensée, venait pourtant à ne pas amener le résultat final désiré, venait à ne pas asseoir en principe l'ordre et la durée, comme nous le souhaitons vous et moi, il y aurait nécessité de se dire que pour atteindre ce but, tout a été tenté inutilement, même la sincérité dans le gouvernement, et que parconséquent, il faut qu'il y ait ailleurs, plus haut, plus en arrière, un vice, un obstacle à ce que les choses se fassent ce que vous aviez espéré qu'elles se feraient. Il faudrait s'avouer que le manque d'harmonie vient, non plus des joueurs, mais de l'instrument, et alors il serait possible que nous ne vissions plus de même.

**M. A.**

Évitons les généralités, et pour nous bien comprendre, détaillons la question. Vos craintes sont une pure éventualité, un doute à priori que rien ne motive, suffisamment, et encore faut-il attendre l'événement. Cette sincérité dans la pratique, cette vérité dans les actes, serait chose si nouvelle, si peu semblable à ce que nous avons vu jusqu'ici, qu'il y aurait peut-être un peu d'humeur, de prévention volontaire, à vouloir par le raisonnement, en préjuger les effets en mal. Ce manque d'harmonie, ces causes hostiles que vous semblez craindre, où dès aujourd'hui, l'esprit pourrait-il les signaler? Serait-ce du côté de la chambre des pairs? est-ce là que vous verriez un vice de proportion? mais, vous direz avec moi, que si l'hérédité est chose désirable, il faudrait avant tout qu'elle fut possible. Sans doute, l'hérédité est une bonne chose là où elle existe, où elle peut exister, où elle est un dépôt, une consécration du tems; mais il est des résultats que le tems seul peut amener. Au milieu de ce déchaînement irrésistible d'égalité qu'il faut reconnaître, une exception si tranchée et si étendue, répugne à la raison et résiste à la volonté. On peut décréter l'hérédité par une loi, et l'établir sur le papier, mais non la faire entrer dans les esprits et dans les moeurs; autant vaudrait dire à un champignon: Deviens chêne. Elle a rendu de grands services en Angleterre, parce que la chose y existait avant le principe; que là elle a pour elle le tems et la puissance des traditions. Elle se soutient parce qu'elle a longtems été; mais en France, on aurait le principe sans avoir la chose; on aurait l'hérédité sans avoir la pairie. Peut-être même, pour raviver l'institution, pour l'actualiser, eût-il fallu l'éloigner de son antique base et l'affermir sur de nouveaux fonde-mens. Du moment que la pairie ne pouvait plus être héréditaire, qu'elle n'appuyait plus le trône d'une cer-taine analogie d'existence, peut-être dans l'intérêt de l'ordre, de la royauté, et de la pairie elle-même, eût-il convenu de lui donner plus d'indépendance par son origine, plus d'influence par la nature de son mandat; peut-être dans son principe, moins émanée directement de la volonté gouvernementale, seulement consentie par elle, et extraite de catégories dont l'esprit est éminemment de conservation, eût - elle mieux balancé l'action trop vive d'une chambre rivale, mieux abrité le pouvoir, et pesé davantage dans l'opinion. L'esprit de la pairie, nul doute, doit être tout de conservation; mais peut-être eût-il été bon, que la susceptibilité la plus vive, que la méfiance la plus ombrageuse, dans ses causes et dans ses motifs ne pussent suspecter la tendance de cet esprit conservateur; ne pussent arguer contre la pairie, du grief de son origine. Aujourd'hui, pâle reflet de la royauté, son action se borne à une petite force d'amortissement dans les occasions secondaires, se réduit à empêcher un petit mal. La prévention a pris racine contr'elle, et le peuple croit en savoir assez pour dire à un pair: „Dis-moi d'où tu viens, et je te dirai qui tu es."

## M. B.

Quoiqu'on en ait, je l'avoue, il faut passer condamnation sur l'hérédité de la pairie. Il est un fait qui la met hors de cause chez vous; déjà, à plusieurs reprises, elle y a été essayée inutilement. On n'improvise ni les illustrations, ni les fortunes; on n'implante pas un arbre avec ses fruits et son ombrage; et qui tire sa force de ses racines, ne peut se fixer sur un sol incessamment remué; là où les droits se morcellent, où l'individu est atteint d'une fièvre de croissance, où tous veulent arriver à tout, un majorat collectif d'honneurs, de richesses et de prééminences sociales est une exception trop forte, une anomalie trop exclusive. La France se fait à peine à un semblant de royauté; comment l'amener à s'inféoder à une classe de privilégiés? Cette sorte d'intérêt, qu'on appelle l'actualité, a la vue courte et la main pressée. Les choses n'ont en France que leur valeur intrinsèque, et seulement une monnaie antique y a plus de prix qu'elle ne vaut à la balance.

### M. A.

Passons à la chambre des députés; ici, il y a deux choses à considérer; sa formation dans le pays, son action dans le gouvernement. Vous avouez, que le mode d'après lequel elle se forme, que l'exiguité du cercle électoral, les restrictions du cens, donnent sagement toutes les garanties d'ordre et de sécurité désirables, et que l'esprit de conservation le plus facile à alarmer, ne peut, à cet égard, élever la moindre objection. Deux cent mille électeurs; deux cent mille individus sur 34 millions, dotés seuls de droits politiques; certes, c'est un emploi bien modéré de l'élément démocratique; et si la vérité de représentation venait à ne pas sortir de cette combinaison, on pourrait craindre tout d'abord que ce fût, non pour avoir dépassé le point de juxta-position, mais plutôt pour ne pas l'avoir atteint. Serait-ce là votre pensée? Je ne le suppose pas.

### M. B.

Non; et j'irai même plus loin. Le bien qui ne serait pas fait par la loi actuelle, ne serait pas amené par une loi plus large. L'appui constant, régulier que 200 mille électeurs d'élite n'offriraient pas au gouvernement, 500 mille électeurs l'offriraient encore moins ! Ces 500 mille électeurs pourraient donner un autre appui, une autre force, mais probablement pas dans les mêmes conditions, ni dans la même voie. La réforme électorale à mes yeux, est moins un moyen de gouvernement, qu'une question de gouvernement. Si c'est de l'énergie, de la passion, de l'élan, du patriotisme dont on a besoin, en France, tout cela s'y trouve en raison directe du nombre ; mais il en est autrement si l'on demande de la raison, une froide appréciation, un juste tempérament.

## M. A.

Passons à l'action et au caractère de la majorité parlementaire.

Le gouvernement représentatif est un gouvernement de majorité. La loi dit la majorité des voix, car la loi ne peut pas obliger les consciences ; mais le bon sens fait entendre qu'il ne peut s'agir que d'une majorité de convictions, réelle et homogène. Du moment que, par une cause quelconque, cette majorité n'est pas telle, qu'elle se réduit à l'addition matérielle des voix, le gouvernement représentatif est faussé ; il ne pose plus sur la vérité, il pèse sur elle ; et cet état de choses, prolongé, peut devenir la combinaison pire. Telle a été, il faut le dire, la position du gouvernement depuis neuf ans. La majorité sur laquelle il s'est appuyé, n'a pas eu ce caractère de franche indépendance, de sincère nationalité. Aux yeux des uns, c'était une nécessité, un fâcheux calcul aux yeux des autres. Pour ceux-là, la chose était motivée par les malheurs des tems; pour ceux-ci, elle les provoquait; et ainsi, comme un navire que le roulis fait avancer, de secousse en secousse, de lendemain en lendemain, le pays a péniblement parcouru neuf années. Enfin la portion consciencieuse du parti ministériel, sa portion la plus remarquable par le talent et l'illustration, a fini par juger la situation trop empirée, par voir le danger, là où jusques là elle avait donné la force. Elle a fait de l'opposition dans ses idées, et la coalition s'est formée. Bien des gens n'ont voulu voir dans cette coalition, que des motifs condamnables, des intérêts peu scrupuleux, des ambitions impatientes, des amours-propres irrités. Nous ne pensons pas ainsi; nous croyons que, dans ces reproches, il peut se trouver aussi peu de bonne foi qu'on en impute au parti conservateur, en défection ministérielle. Si ce parti n'avait eu en vue que ses avantages propres, s'il n'avait voulu que ressaisir le pouvoir, il eût seulement fait de l'opposition en seconde ligne, il se fût borné sans éclat à dire *non!* C'était assez pour faire tomber le ministère et prendre sa dépouille. Or, s'il n'a pas usé de ces ménagemens intéressés, s'il a risqué l'aristocratique popularité de ses antécédents, s'il s'est mis en avant, s'il s'est joint à de vieux adversaires, pour proclamer l'urgence de sincérité dans le gouvernement, c'est qu'il croyait patriotiquement à cette urgence et aux dangers de ce qui en avait pris la place.

La coalition du reste, n'a pu être formée que contre un fait, un système, et pas au delà; on a argumenté contr'elle de ce que, victorieuse, elle ne pouvait se formuler en pouvoir; le reproche manque de justesse; la coalition, comme coalition, n'a jamais pu avoir la prétention d'être gouvernement; elle n'a eu pour but que de rendre impossible, telle manière de gouverner; et si l'on dit que par là, elle a empêché tout gouvernement, c'est condamner le système représentatif en France; c'est dire qu'il y est impraticable dans sa sincérité, dans sa vérité. Au surplus, la coalition n'a pu surprendre que par sa forme. Il n'est personne qui n'ait prévu que tôt ou tard, le pouvoir se trouverait en face d'un mouvement parlementaire.

Mais la coalition a été l'occasion d'une fâcheuse découverte; elle a mis à nu une véritable turpitude politique. Cette majorité qui était principe est devenue question; ce qui avait toujours été considéré comme fait, est devenu problême. Dans sa vérité, le gouvernement représentatif repose sur une majorité réelle, et cette majorité, où est-elle? Tout roule sur elle et on ne la trouve pas; or, en politique aussi, pour faire un civet de lièvre, il faut d'abord avoir un lièvre.

Il n'y a pas de majorité réelle dans la chambre, voilà difficulté. Le gouvernement ne marche que par une majorité et un ministère de coalition, ou si l'on veut de concession. Ne pouvant tenir ni la ligne droite des uns, ni la ligne dite bonne des autres, on s'est fait courtoisement à une direction diagonale; ce n'est là qu'un provisoire; mais pourquoi cette majorité n'existe-t-elle pas? Au fond toute la question politique de la France est là. Si le gouvernement a tout fait pour la rencontrer, le mal n'est pas en lui, il est ailleurs. Malheureusement l'opinion contraire s'est généralement établie; on est convaincu que le pouvoir n'a tendu qu'à empêcher, qu'à intervertir cette majorité dans sa sincérité, et qu'à la suppléer par une majorité fictivement légale, à sa dévotion. L'événement de la coalition, certes, pouvait être pour lui un utile avertissement; il devait se dire que tous les yeux étaient ouverts, toutes les espérances lassées; que la véritable habileté ne consistait plus à reproduire le même effet, à user des mêmes moyens, à prouver par les hommes contre les choses, mais à juger les conséquences d'un dernier essai avorté, et les mesures d'urgence qu'il allait motiver. Il était aisé de prévoir que le pays ferait ce raisonnement: „Même par la coalition il n'a été remédié à rien. Les choses restent ou aussi mal ou pires; donc les idées du pouvoir sont irrémédiables; donc il s'exerce dans des proportions trop désavantageuses à la sincérité des institutions; donc il faut réagir sur lui par d'autres proportions; la pratique de la loi dépose contre son principe. Aux grands maux les grands remèdes. Il n'y a d'espoir que par une réforme électorale."

„Aujourd'hui ou demain, un peu plus tôt, un peu plus tard, une fois, cette réforme atteindra le pouvoir; une fois, il payera d'une grande éventualité, sa tenacité à ne pas avoir préféré l'alternative d'un danger moindre; en vain se rejettera-t-il sur ses bonnes intentions, sur cette nécessité, excuse facile de tous les gouvernemens; il restera sous le coup d'une incrédulité sévère. Les esprits le moins partisans de la réforme, lui reprocheront toujours de l'avoir prouvée indispensable: „Lors de la coalition, lui diront-ils, si la majorité était non réalisable dans la chambre, rien ne constatait qu'elle fût, dans sa vérité, impossible dans les colléges électoraux. Là, où l'avez-vous cherchée? Vous êtes-vous présentés aux comices, pénétrés de la gravité des circonstances, et soucieux seulement de la voir naître dans sa force et dans sa moralité? Non, vous vous êtes rendus sur le champ de bataille, pour la plier, pour la conquérir, et non pour la connaître. Vous aviez au moins le doute qu'une opinion, que l'opinion centre-gauche pouvait alors inspirer de la confiance au pays, et rencontrer ses sympathies. Avez-vous essayé de faire cette opinion ministérielle, et d'en appeler au peuple sous son influence? Vous direz, qu'une partie de l'opposition, s'obstinant dans tous les cas, dans l'urgence de la réforme électorale, et le manque d'accord, le fractionnement des colléges électoraux, étant le moyen le plus direct de l'amener, elle eût agi en conséquence, assûrée que plus tard, le pouvoir lui arriverait forcément, largement, par la loi réformée. En admettant même que telle eût pu être la tactique de cette partie de l'opposition, il est clair que si cette disposition existe, rien n'y remédie; que c'est un inconvénient de plus, contre lequel aussi il n'y avait de chance heureuse, qu'une épreuve faite dans des conditions plus sympathiques; pour éloigner le mal que l'on craignait qu'elle ferait, c'était un singulier expédient que de le faire soi-même, que d'agir contre elle, pour faire comme elle. Mais n'y avait-il pas quelques motifs de supposer, que cette tendance de l'opposition pouvait n'être que conditionnelle, que le dernier moyen d'une espérance lassée. Bien qu'il soit difficile de lire dans les consciences, la gauche est représentée par des hommes honorables, personnellement dignes d'estime. Par eux, leur parti a demandé la sincérité dans le gouvernement, et pour conséquence le développement graduel des institutions. Comme dernier argument pour arriver à ce but, et après une longue attente, et alors qu'elle n'espérait plus dans le gouvernement, elle n'a vu de salut que dans la réforme électorale; mais ce gouvernement modifié, rapproché d'elle, et lui donnant des garanties de sa sincérité, la gauche pouvait ne pas penser de même, ne pas juger de même l'éventualité de la réforme; et ce doute, n'était-il qu'une chimère? Est-il bien sûr que dans l'état où étaient les choses, les conditions nécessaires à la formation d'une majorité suffisante, ne pussent se refaire, fussent non recomposables? Sans doute, pour qu'une majorité soit ce qu'elle doit être, il faut qu'il y ait en elle homogénéité de principes et de moyens; mais au fond, dans les di-

verses nuances de l'opinion de Juillet, les principes
sont les mêmes, et la divergence n'a guères lieu que
dans le mode et le caractère de leur application; toutes ces fractions de la chambre, le centre droit, le
centre gauche, le tiers-parti, la gauche dynastique ont
même origine, et dans leurs parties consciencieuses
sont susceptibles de s'entendre et de se rapprocher.
Par l'effet des circonstances, de l'irritabilité des questions, cette divergence a pu prendre le caractère
d'une scission, sans consacrer une répulsion définitive.
Les choses se faisant autres, le gouvernement animé
aux yeux de tous d'un désir de sincérité, leur air de
famille pouvait reparaître, leur première sympathie les
rapprocher. Supposez que le résultat des élections
eût donné gain de cause à un ministère centre-gauche,
que le gouvernement eût enfin reconnu que le droit
et la vérité étaient là, et qu'agir dans cette direction,
était le véritable esprit de conservation et de sage progrès; ceux qui veulent le pouvoir dans sa force, au-
raient dû la voir là où il l'avait trouvée, et lui venir
en aide; ceux qui le veulent dans son point de vérité,
devaient reconnaître qu'il s'était avancé vers eux, et
se rapprocher de lui. Pour ceux-ci, le voisinage du
pouvoir pouvait tempérer leurs exigences. Vu salutaire en pratique, il eût été apprécié moins rigoureu-
sement en spéculation. Nous disons que de part et
d'autre, cette modification pouvait avoir lieu, parce
que là il n'y avait pas renonciation de principes qui,
nous le répétons, au fond sont les mêmes; il y avait

seulement adhésion à un rapprochement dans les moyens, sous l'influence d'un fait qui le déterminait."

„Rien de pareil n'a été tenté, et par là le gouvernement s'est montré plus obstiné dans ses idées, que sincère dans ses vues. Il n'a fait appel que pour dicter la sentence; il n'a pas dit comme Henri IV, et lui pourtant il avait conquis sa place; il n'a point dit: „Je viens me mettre en tutelle." Il voulait avoir raison, il ne venait pas chercher la vérité, et ses efforts même heureux, ne pouvaient tourner qu'au profit de la réforme."

Je ne suis pas en mesure d'approfondir cette grande question dans ses élémens, mais plus ou moins facile ou dangereuse dans son application, elle est aujourd'hui définitivement jugée par les conséquences qu'elle seule peut amener. La majorité, comme nous l'entendons, si elle est possible encore ne peut venir que d'elle; la réforme électorale est devenue une nécessité; c'est encore une épreuve à faire, et peut-être le dernier espoir de l'ordre politique actuel. Sans doute, avant d'avoir pris ce caractère, elle avait déjà bien des motifs rationnels en sa faveur.

Dans une organisation politique qui vit de lumières et de vérité, l'exclusion donnée aux capacités non attestées par le collecteur, est un grief non aisément récusable. La fixation d'un chiffre pécuniaire, comme mesure de capacité, bien que fondée en raison, a toujours quelque chose d'arbitraire dans l'application: et lorsque cette fixation amène un rapport aussi restreint, entre la masse nationale et la société politique, que 34 millions d'individus se résument dans pas 200 mille citoyens actifs, cet arbitraire a presque l'air d'une dérision, ou se demande pourquoi 300 francs plutôt que 200 que 250? On s'explique difficilement, qu'une légère différence d'écus en amène une si grande dans les garanties. Il n'est pas aisé de concevoir en effet, qu'il y ait en France deux nations distinctes, séparées par 50 francs; mais toute argumentation ou pour, ou contre, disparait aujourd'hui devant la réforme, envisagée non plus comme amélioration d'existence, mais comme nécessité de vie. Il faut un point d'appui national au pouvoir; il faut une expression légale à la voix du pays, sous peine de véritable danger pour tous les deux; et cette considération, on doit l'espérer, aura assez d'influence sur assez de monde pour, par la réforme électorale, rendre possible une véritable majorité parlementaire. Dès lors, le pourvoir, revenu à son principe, le gouvernement rentré dans ses proportions légales, de force et de pondération, et prenant son point d'appui sur une majorité positive, il semble que l'existence journalière ne peut plus être en question; qu'on arrive sûrement à demain, ce que l'on est aujourd'hui; qu'on peut se continuer sans cesser d'être identique, et que l'ordre et la durée enfin, ont toutes les garanties qu'un système politique libre peut donner.

## M. B.

Cela n'est pas spéculativement impossible; en raisonnement, ce peut être une espérance, mais à mes yeux, ce n'est pas probable. Ce que vous supposez, on pourrait l'admettre comme moyen de sortir d'embarras, de rentrer dans la voie naturelle, et d'échapper prochainement à des rencontres fâcheuses. Mais quant aux conséquences, à l'effet ultérieur, à la durée dans l'ordre, aux motifs de sécurité permanente, je l'avoue, ma foi chancelle. C'est de la sincérité pratique de vos institutions que peut sortir aujourd'hui tout le bien relatif possible ; mais cette sincérité est-elle efficace pour asseoir un bien absolu ? En passant même dans l'application, sur toutes les difficultés de détail et de personnes, en admettant tout facile, tout possible, que partout le patriotisme et l'amour de la vérité étoufferont l'intérêt et la passion, aura-t-on réellement consacré par là un système définitif, rassurant, ou n'aura-t-on établi qu'un fait désirable, bienfaisant sans doute, mais isolé, mais transitoire ?

## M. A.

Le gouvernement rentrant de conviction dans la vérité du système représentatif, et s'appuyant par là même sur une majorité nationale et forte ; d'où pourraient naître des motifs de trouble et de dissentiment, des motifs fondés en raison, car ici, il ne peut être question des désordres de la rue ?

## M. B.

De justes appréhensions peuvent sortir du jeu même de la machine. Cette machine, dans son action et dans ses proportions, est une invention récente qui fonctionne pour la première fois dans le monde; or, peut-elle produire ce qu'on lui demande, peut-elle amener la durée par l'ordre?

M. A.

Ici nous sortons du positif, de l'actualité qui nous presse et nous importe avant tout; et en politique, je le pense, il faut se tenir le plus près possible du fait. Il ne s'agit pas de savoir si nous aurions pu mieux faire, car il y aurait probablement plus de dangers et de difficultés à se faire autrement, qu'à s'affermir comme l'on est. Il est question de ce que nous sommes et de ce qu'il y a à faire pour rester plus à notre convenance, ce que nous sommes.

M. B.

Voilà précisément ce qui est fort difficile, inconciliable peut-être. Que dirait-on d'un homme qui voudrait être mieux sans cesser d'être mal? Il se pourrait que dans la crainte de ce que vous ne vouliez plus, et dans l'impatience de ce que vous vouliez, vous ayez improvisé un gouvernement auquel vous demandez à la fois d'être, et de n'être pas; d'être, pour votre bien; de n'être pas, pour sa ruine; mais vous avez raison, laissons les généralités de côté, et entrons dans la discussion des faits.

M. A.

A la bonne heure; cherchons à nous rendre compte, plutôt qu'à avoir raison.

## M. B.

Voyons d'abord si nous nous sommes bien compris, et permettez que je vous résume.

Vous avez cherché un remède à l'état actuel de la France; vous l'avez trouvé dans la vérité, dans la sincérité pratique de ses institutions; vous avez pensé que le pouvoir devait prendre l'initiative dans cette voie, adopter de conviction l'opinion gouvernementale, que toute autre opinion semblait déclarer la meilleure après elle, et faire, sous ce drapeau, un appel au patriotisme et à la conscience publique. Vous pensez que le pays eût pu répondre à cet appel par une majorité compacte et forte, et que le gouvernement, doté enfin d'une base et d'un mobile d'action rassûrants, la France pouvait lui dire comme Michel-Ange à la statue équestre de Marc-Aurèle: „*Camina gia che hai vita.*" Ce moyen non essayé, cette épreuve non faite, on est tombé dans la nécessité de la réforme électorale, et dans elle seule aujourd'hui, peut se trouver cette introuvable majorité.

Admettons que jusqu'ici nous pouvons en quelque sorte être d'accord, en ce que le remède que vous jugez bon en lui-même, je dois moi le supposer bon parce qu'il est le dernier; passons à l'efficacité du remède, comment l'entendez-vous? Je la restreins, moi, au mal présent, et c'est beaucoup; mais enfin, ma foi ne va pas plus loin, ne va pas jusqu'à lui supposer une vertu de réaction, une force de redressement définitive. Je me dis: cette sincérité, pour rester permanente

2

comme principe, doit se faire variable comme un rapport; et son point de vérité, sera-t-il toujours, constamment, nécessairement vu de même? J'en doute;
je vois au bout de quelque tems les mêmes difficultés
apparaître, et le gouvernement, par le fait de sa nature, devenir ainsi une lutte de sincérité à sincérité.
En somme, votre gouvernement selon moi, ne peut
avoir des principes d'action fixes; il est le gouvernement des idées; infigurable comme elles, il ne peut
se préciser, se déterminer, prendre, revêtir une forme
régulière, distincte. Il ne peut se donner un moi
toujours le même, se continuer identique; il ne peut
qu'être la succession prolongée d'accidents journaliers.

## M. A.

Vous élargissez singulièrement la question, et en
vous suivant sur ce nouveau terrain, j'avoue qu'ici, il
s'agit plus de discuter que de convaincre. Je ne le
nie pas; votre argumentation aura pour elle l'expérience du passé, et les affections et les intérêts pré-
sents d'un ordre élevé qui, bien que sympathiques à
la liberté, redoutent de la reconnaître et de la suivre
dans toutes ses conséquences; j'aurais pour moi peut-
être la vérité, mais cette froide vérité du fait, qui
oblige la volonté sans satisfaire l'esprit.

La plupart des hommes ont paru croire que la
liberté se donnait comme on voulait l'avoir; qu'on pouvait lui faire sa place, qu'elle pouvait se résigner à
un rôle secondaire; ils n'ont pas su, ils n'ont pas
voulu voir en elle des traits de nature et de caractère

tels qu'ils en apercevaient dans ce qu'elle remplaçait; par cela même que la raison s'élevait contre l'arbitraire, ils l'ont naturellement placée à côté de la liberté. Il n'en est pas ainsi: du moment que la liberté devient en droit la base et la condition première de l'état social, qu'elle n'est plus une concession, qu'elle est un principe générateur, que tout se fait par elle et pour elle, qu'elle est l'expression de tous, elle doit avoir aussi ses impatiences et son despotisme; les passions d'un seul sont plus absurdes, celles de la multitude plus impératives; le grand nombre peut vouloir mal, peut vouloir trop, mais la raison n'a d'appui contre lui que dans les minorités; et la résistance légale de ces minorités, ne s'exerce que pour adoucir, atténuer sa volonté, que pour en appeler d'elle à elle-même, et la porter à s'amender par l'intérêt et la réflexion. La constitution politique des minorités est donc la grande question vitale des sociétés libres; il faut qu'elles aient le plus de moyens pour redresser, le plus de force pour temporiser, sans assez de puissance pour compromettre. Or, dans un état monarchique constitutionnel, au fond le gouvernement est dans la minorité. Il y a toujours là moins de liberté que le peuple n'en veut avoir, moins que l'exercice de son droit et l'application de sa volonté ne peuvent en amener.

Revenons à la France: le retour à la sincérité de ses institutions n'est à vos yeux qu'un bienfait passager et propre seulement à dégager. Vous y voyez un remède contre des symptômes survenus, et non un

spécifique contre le mal; et en dehors des inconvéniens du moment, au fond, vous n'êtes pas sûr, que
la France comme elle est, ne soit pas ingouvernable.
Élargissons donc la question, et traitons successivement:

Du gouvernement dans son esprit et dans
son action, ou du pouvoir et de la majorité.

Des causes en dehors de lui qui l'influent,
le modifient, et en dernier lieu le déterminent,
ou de l'esprit public.

De la France par rapport à l'Europe, ou
de l'action et de la réaction dont elle est la
cause et l'objet.

### M. B.

J'approuve ces distinctions; tout est là.

### M. A.

Et comme ici vous vous faites accusateur et que
je reste moi, commis à la défense, permettez que
d'abord je vous écoute.

### M. B.

Votre gouvernement est une nouveauté; rien encore n'a été comme il veut être, et malheureusement
cette nouveauté a tout l'air d'une découverte faite sous
la crainte de la monarchie. Ce n'est plus le gouvernement des trois pouvoirs; ils y sont simplement mê-
lés à l'oeil, comme trois corps de pesanteur diverse
se trouvent en suspension dans un liquide agité; au
repos, les conditions d'équilibre manquent; la pairie
n'est plus un élément de la trinité politique, et puis-

que c'était une nécessité impérieuse des tems, son défaut devait trouver sa compensation quelque part,
devait peut-être se tourner en sollicitude pour la
royauté qu'elle découvrait. Il en a été tout autrement :
de ce que la pairie restait trop faible, on a semblé
craindre que la royauté deviendrait trop forte.

La royauté, née de la confiance, frappée elle-
même d'entraînement, un moment aussi crut tout possible par la popularité; mais à l'essai de la vie pratique, elle se jugea bientôt ce qu'elle était. Elle se
vit isolée, exposée et plutôt une pièce d'échafaudage
qu'une partie solide de l'édifice. Dès lors toute sa
sollicitude fut pour elle, et tout ce qu'elle avait de
force et de moyens, elle l'employa à se grandir et à
s'appuyer. Des circonstances malheureuses vinrent à
son aide, tournèrent à son profit. Il lui fallut, et
ceci est un trait caractéristique de la position, il lui
fallut pour se faire croire, que l'état des choses tour-
nât à l'émeute; mais cet argument même a eu son
contre-coup; on a fini par avoir moins peur du désordre que de l'ordre rétabli au profit de la royauté;
les malheurs de la place publique n'ont plus parlé
pour elle, et enfin elle a fini par trouver devant soi
l'obstacle légal parlementaire, contre lequel depuis
longtems, elle luttait par la pensée. Bon gré, mal
gré, elle subit aujourd'hui cette nécessité, que pour
être possible, il faut être vrai, comme on l'entend;
c.-à-d. que pour vivre, elle doit se prêter à mourir
lentement par le principe de son existence, de même
qu'une lampe n'éclaire, qu'à condition de se consumer.

## M. A.

Ceci est un peu éliptique; la nécessité d'être sincère fait rentrer dans la voie naturelle de l'existence, sans en aggraver les conditions; et elle met cette existence à l'abri de complications violentes possibles.

## M. B.

Oui, cette sincérité est une nécessité, j'en suis convaincu, j'en conviens. Elle est une condition *sine qua non* pour le pays, pour le gouvernement, pour la royauté elle-même, d'ordre et de continuation prochaine; la royauté redevient ce qu'on a voulu qu'elle fût; voilà pourquoi elle se pose vis-à-vis de l'esprit public, dans des conditions qui annoncent son amoindrissement progressif; et voilà pourquoi elle hésite, elle balance, et ne cède qu'à l'impossibilité de pouvoir autre chose. Ce que vous appelez sincérité d'existence, la royauté l'appelle commencement de cessation d'existence.

Au fait, qu'est-ce que la royauté dans ses données nouvelles? Dans sa figuration présente où sont ses racines, son point d'appui, où se trouvent pour elle de fortes convictions de conscience? Où, la voix puissante de l'intérêt permanent parle-t-elle en sa faveur? est-elle dans les moeurs, dans la moralité du pays? sa place dans l'ordre politique est-elle réelle, positive, inaltérable? Est-il vrai qu'elle ne puisse éprouver, du moins sans compromettre le tout, qu'elle soit de nature inaliénable, incompressible; que l'ordre et le bien-être tiennent à son intégrité, au caractère sacré de sa position une fois faite? qu'elle soit un fait sans y revenir, qu'elle reste une chose sans y retoucher?

On peut certainement répondre n o n; la royauté en France n'est que dans la charte, n'existe que sur du papier; elle est figure, n'est pas corps. L'état est au pavillon de la royauté, mais le vaisseau n'est plus à ses proportions, mais le gouvernail n'indique plus sa route.

En effet, au moment du danger où est son recours? qui viendra à son aide? L'élément d'équilibre, la pairie n'existe plus dans son principe; elle n'a de poids que lorsqu'elle penche contre elle. Dès l'instant qu'à l'égard de choses importantes, il y a dissidence, le gouvernement est en état de duel: la royauté et la chambre élective, tout se passe entre ces deux forces; contraires, le pays souffre et s'irrite; unies, elles sont fondues, la royauté est soumise, la majorité gouverne par elle, malgré elle. Dans les conditions de la France, la majorité, quoi qu'on dise, au fond n'est que le nom adouci de l'omnipotence parlementaire. La chambre gouverne comme majorité, mais elle veut comme omnipotence, et, réalisant mieux le gouvernement de Juillet, résultats républicains par la forme monarchique. Voilà le véritable esprit, le seul qu'on puisse reconnaître à votre gouvernement. Là, la royauté doit être un instrument de démocratie; et comment avez-vous été amenés à cette combinaison? Pourquoi cette contradiction entre le but et le moyen?

Pourquoi? parce que, voulant ce que vous voulez, sous des souvenirs encore saignans, vous avez pensé que la royauté ne laissait pas de place pour un comité de salut public, et qu'en faisant un roi, vous ne vous exposiez plus à devoir faire un empereur; parce que vous avez pensé que la république n'est désirable que si elle mûrit dans la monarchie, comme le fruit dans sa noix. Vous avez vu la royauté par son bien négatif, comme obstacle à des maux inévitables sans elle, et vous avez dit: qu'elle soit ainsi! Penseriez-vous que je fais violence à l'esprit public, que je l'explique dans ses exagérations? mais, de bonne foi, dans toutes les agitations de la France, dans ces tiraillemens, dans ce branle-bas général, où se trouve, dites-moi, une seule palpitation pour la royauté, comme fin, comme but de longue permanence? Pour qui n'est-elle pas moyen, transition? Qui ne la traite comme le plan incliné à autre chose? Il faut en convenir, la tendance générale et telle, et au fond de toutes les opinions qui labourent le pays, il n'y a de différence que du plus au moins, il n'y a de divergence que celle des voies et des temps.

La majorité parlementaire, devenue forte et nationale, par la sincérité au pouvoir, rappelé aux intérêts de Juillet, de fait, sera purement omnipotente. Que pourrait lui opposer le pouvoir? Un autre ministère? mais il faudrait le lui demander. Une autre représentation? mais ce serait la retremper à sa source! Pour rester dans la vérité, il faudra la subir; debout encore, mais les bras croisés, la royauté sera sous l'action de cette majorité, comme une élévation de sable sous le coup de la vague qui l'amoindrit; s'il fallait des preuves, je n'irais pas les chercher dans le pays, hors du gouvernement, là où elles sont trop nombreuses et trop variées; je les trouverais dans le gouvernement, dans cette partie même du gouvernement qui représente l'esprit de conservation, dans la chambre des pairs. Certes, personne ne doute qu'aujourd'hui elle ne veuille la forme monarchique; pourtant a-t-elle quelque velléité d'indépendance; vient-elle à céder à quelque instinct de popularité, l'effet en porte sur la royauté; c'est toujours à ses dépens qu'on se grandit; on ne gagne maintenant dans l'opinion que par ce qu'on lui prend. N'a-t-on pas vu la noble chambre, presque sous les coups de fusil qu'on lui tirait, s'élever contre sa prérogative de toujours, d'honorer d'un morceau de ruban ceux qui se faisaient tuer pour elle. Quoi! c'est le rapport sur les sociétés secrètes sous les yeux, que les pairs voient le danger de l'état dans la distribution royale de la légion d'honneur! et la loi sur l'état-major de l'armée, et la proposition d'exclure les fonctionnaires publics, et tant d'autres indices qui ne prouvent que trop, que dès que le pouvoir chez vous, n'est que légal, qu'il ne peut que ce que la loi peut, il est toujours en question, il est toujours le problême pendant, du moins de gouvernement possible. Cela est si vrai, il est si vrai que le pouvoir est généralement jugé dans des idées désespérantes d'improbation et de malveillance, que, se dévouer à lui, est comme une tâche, et qu'en effet, il ne parvient généralement à remuer les hommes que par leur intérêt individuel. Cette tendance, cette hostilité au pouvoir est celle de tous les esprits en France. Les impatients veulent violemment tout refaire et crient: A bas la royauté! Les sages prétendent seulement faire mieux et disent: Plus bas la royauté. Dans la rue on tire sur le désordre; on l'appelle dans l'état. C'est qu'au fond les moyens seuls et les tems sont différents, et que, si la république dans sa crudité, dans ses formes d'acerbe logique, fait peur à presque tous, tous ou à peu près veulent la chose sans le nom, veulent la république par la monarchie.

## M. A.

La tendance à modérer le pouvoir royal, ou plutôt à le combiner de façon à mieux faire avec lui, ce qui le serait moins bien par lui seul, n'a rien que d'assez rationnel; c'est seulement légaliser la volonté nationale. Cette tendance ne saurait être désastreuse qu'au delà de certaines limites qu'elle ne dépasse pas; elle s'arrête devant le principe fondamental de la royauté; elle respecte ses grandes prérogatives exceptionnelles, l'hérédité, l'inviolabilité, l'irresponsabilité.

## M. B.

Dites plutôt que c'est à la faveur de ces hautes prérogatives qu'on se croit permis de la miner en sûreté de conscience. On la salue dans l'être figuré pour la saisir au corps dans l'être agissant. On fait sonner haut ses prérogatives pour l'isoler dans ce qu'elles ont d'abstrait et l'éloigner du reste. On confesse seulement par là que la royauté n'a pas fait son tems, et qu'elle est bonne encore; si ce n'est comme chose, comme principe. Telle est en effet la distinction que tout tend à consacrer; mais une royauté qui n'est qu'un principe, qu'une négation, un faux-semblant, un mensonge convenu, qui est là seulement pour qu'il n'y ait pas autre chose; une idée, pour tenir la place d'une réalité, une royauté que personne ne voit, que personne n'apprécie par ses attributs extérieurs; que l'on suppose, que tout le monde resserre par le raisonnement, est-elle une combinaison suffisante, est-elle possible par cela qu'on veut qu'elle le soit? Si en Angleterre la royauté est principe politique, elle est aussi institution sociale et chose dans l'état; si elle n'a que sa part de pouvoir positif, dès qu'elle se meut, elle figure le corps social, elle représente l'Angleterre; là, elle tombe sous les sens, elle parle aux yeux; réelle et rationnelle elle est la figure vivante de l'harmonie sociale, l'image complète du principe et de la chose.

Chez vous, elle n'est que dans la charte, elle n'est que politique; si elle n'est principe, elle n'a droit à rien, ne représente rien; elle n'a plus de manteau, elle ne s'habille que de quelques feuillets d'un livre. L'hérédité, l'inviolabilité, l'irresponsabilité sont des choses fort respectables sans doute, mais cela ne se salue pas. Chez un peuple qui ne croit au pouvoir que par sa force, qui ne se fait à l'ordre que par obéissance, la royauté, comme vous la voulez, est assûrément une aventureuse nouveauté; vraîment tout serait dit, et par l'application de trois mots, on aurait une royauté suffisante, et avec son inviolabilité, son hérédité, et son irresponsabilité, elle pourrait sans inconvénient aller dîner chez le restaurateur! Non; s'il a fallu une demeure exceptionnelle pour loger ces trois mots, il fallait encore plus des conditions d'existence autres, au développement de sa nature et de son caractère; il le fallait pour qu'elle pût le bien, pour qu'elle pût donner dans la vérité, ce qu'on ne peut espérer d'un faux-semblant; il le fallait peut-être pour que la royauté ne devint pas une abstraction de troubles et de malaise, comme en 93 la liberté a été une abstraction de désordre et de tyrannie.

### M. A.

Vous pensez que nous avons mal voulu la royauté; que, dans la nécessité de l'avoir, et dans notre impossibilité de ne pas la craindre, nous en avons fait une impuissante contradiction. Plus tard, quand vous aurez tout dit, j'opposerai ma manière de voir à la vôtre. Pour le moment, je me borne d'arguer incidentellement d'impossibilité à faire davantage pour elle: — un cortège, un entourage, une large base sociale, il y avait des répugnances invincibles à tout cela. La France est convaincue qu'il y a moins de danger au brouhaha de la rue, qu'aux chuchoteries de l'oeil de boeuf. On a fait pour la royauté tout ce qu'il était possible de faire, on lui a donné des prérogatives et des millions.

## M. B.

Impossible! c'est un grand argument sans doute; mais trop répété, les conséquences sont faciles à prévoir; et d'impossibilité en impossibilité, on est amené à ne voir de possible que ce qui n'est pas réalisable; à voir la juxta-position dans une contradiction. Si la royauté ne pouvait pas être autrement, s'il suffisait qu'elle fût principe, qu'elle figurât simplement un centre commun; qu'elle fût, pour qu'autre chose ne fût pas; qu'elle fût, moyennant l'octroi de trois mots, et le solde de quelques millions, alors pourquoi l'entraver d'antécédents de traditions? Si le principe seul suffit, il ne doit tirer sa force que de lui-même. On eût alors agi plus conséquemment à prendre un individu quelconque, le plus obscur eût même été le meilleur, et à lui dire: Nous te déclarons principe. Ce principe s'appelle royauté héréditaire, inviolable, irresponsable; le caractère du principe est en toi, son action hors de toi; c'est assez pour le bien public que sa représentation se perpétue matériellement par toi. Ce mode de consécration, dans les idées actuelles, n'eût présenté que des avantages; cette royauté n'eût effrayé personne; on n'eût pu lui supposer une ambition retrospective; pour le coup, celle-là eût été incalomniable; elle était aux yeux de tous une concession à la raison de tous, une institution au profit du pays et on l'eût subie, comme on subit sa volonté . . . .

Vous souriez!... On ne peut mettre sur le trône que d'exceptionnelles illustrations? il faut du sang royal pour faire un roi? Je comprends, vous êtes aristocrates pour le choisir, et républicains pour vous en servir; il faut qu'il y ait de la pourpre dans sa blouse, qu'un roi de vieille race vienne en aide à la royauté citoyenne, et se fasse patriotiquement le compère de la république. Ainsi, malgré vos lumières, votre géométrie politique, ce principe logique rationnel ne suffit pas; il lui faut des apparences, un faux-semblant; il faut couvrir sa nudité de quelques draperies antiques. Vous sentez que sans ces formes, ce reflet, ces conditions, on ne croirait pas à la royauté, et vous avez besoin qu'on y croie pour parer aux convulsions qui surgiraient, si elle n'existait pas, et amener, et pondérer sa fin progressive. Voilà l'esprit et le secret de votre gouvernement; il vous faut une royauté qui s'en aille lentement, au fur et mesure que d'autres réalités la poussent. Mais au sein de toutes les impossibilités qui vous déterminent, la pratique de cette royauté n'est-elle pas aussi une autre impossibilité? Une royauté qui doit s'user de bonne grace au profit d'autre chose, qui doit vivre d'un long suicide, qui n'a aucun moyen légal, aucune chance légitime de refaire sa destinée, de se donner l'ordre et la durée, qui n'est là que parce que la raison dit que présentement sans elle tout irait plus mal; cette royauté là, disons-nous, peut-elle être une vérité? Si vous attendez d'elle qu'elle se fasse naïvement à son effacement, vraîment vous lui demandez trop, vous lui demandez une chose contre nature. Si vous espérez l'y contraindre sans violence par une action légale, l'éteignant progressivement dans le développement régulier des institutions démocratiques, les choses ne se passeront ni aussi paisiblement, ni aussi facilement que vous le supposez. Elles ne se passeront ni sans impatience, irritation d'une part, ni sans efforts, tentatives, résistance de l'autre; le pouvoir et le pays se poseront en état permanent de qui vive et de suspicion, et il n'y a pas de combinaison pire à celle-là. Vous attendez tout de la sincérité pratique de vos institutions; l'intention est bonne sans doute, mais il faudrait d'abord que cette sincérité se trouvât dans ces institutions elles-mêmes; votre gouvernement dans son esprit, est frappé de provisoire; ses principes sont élastiques; il a été conçu presque exclusivement dans des idées d'avenir; l'avenir a pris une trop grande place dans le présent. Voilà la cause du mal, le véritable péché originel. Vous direz, que pour éviter des révolutions, il faut prévoir l'avenir, et sous le nom de progrès, établir le principe qui y mène régulièrement; sans doute, mais il faut aussi fonder les parapets de ce progrès, et pour éviter une révolution, ne pas consacrer l'agitation; le présent avant tout; la passion et l'intérêt se servent de l'avenir plus que la raison et un sage patriotisme ne disent de s'en occuper. Faisons le présent en vue du présent; c'est assez faire pour l'avenir que de lui léguer le bienfait de notre exemple et des avantages que notre sagesse nous a valus. Quel singulier travers d'esprit, quelle bizarre ambition nous pousse à ne penser qu'à lui, quand il s'agit de nous. L'avenir est-il une fille à marier? Serait-ce que le rationalisme a aussi sa déraison, et que les lumières ont elles-mêmes leur intolérance? Il semble pourtant qu'on ne doive pas plus obliger les gens à se sauver dans l'autre monde, qu'à se faire heureux et purement raisonneurs dans celui-ci. Cette vive préoccupation pour ce qui peut être, cette sollicitude, cette sensibilité pour ce qui n'est pas, en vérité rappellent Chapelle, et sa belle dame, pleurant la mort du poète Pindare, arrivée il y a trois mille ans.

En somme, le gouvernement de la France est une royauté aux ordres de la majorité parlementaire. Neuf ans d'essais inutiles et même imprudents, dites-vous, ont prouvé qu'il devait en être ainsi, que cette nécessité était le moindre des maux. La vérité politique pour ce pays est aujourd'hui dans cette dépendance de la royauté, dans cette omnipotence de fait de la majorité parlementaire. Cette majorité peut vouloir trop, peut vouloir mal; on ne peut guères espérer qu'elle soit sans impatience, sans entraînement; qu'elle veuille toujours moins qu'elle ne peut vouloir; n'importe, sa volonté est toujours la vérité gouvernementale. Les formes à observer pour traduire en fait cette volonté, ne sont là que pour régulariser l'obéissance; les seules garanties contre cette majorité, sont dans l'esprit public, dans la raison nationale, et nous verrons plus tard, ce que, même dans la combinaison la plus restreinte, la plus favorable à l'esprit de con-

servation, ces garanties offrent de rassurant. Reste
que, de même que nous demandons à Dieu notre
pain quotidien, il y a lieu en France à demander à
la raison nationale votre gouvernement quotidien. Reste
que, de ce conflit de nécessités et d'impossibilités; de
la nécessité de satisfaire à un avenir démocratique;
de la nécessité d'une forme monarchique pour y conduire; de la nécessité de refuser à cette forme les
moyens d'arrêter et d'abriter le présent; de la nécessité de lui faire une violence légale pour l'obliger à
vouloir un sens contraire à sa nature; et de l'impossibilité de trouver à ces contradictions d'autre remède
que dans la cause qui les produit, dans la volonté
nationale, résulte enfin un état de chose inextricable,
un gouvernement dont l'esprit n'est pas appréciable;
dont la marche ne saurait être régulière, dont l'action
ne peut être rassurante, et qui peut aussi bien amener
toute autre combinaison que celle que l'on cherche;
tout aussi bien l'anarchie que le but qu'on lui assigne.
Un gouvernement qui seul dans le monde comme il
est, plus monarchie, pas encore république, et vivant
au jour le jour, ne peut ni avancer, ni reculer, ni
rester en place sans danger.

## M. A.

Je ne viens pas combattre vos argumens pièce à
pièce. En principe, et procédant par généralités, il
se peut qu'il fût difficile d'avoir raison contre vous;
mais en est-il de même vis-à-vis du fait, en face
des circonstances? De ce qu<sup>e</sup> la France est mal,

doit-on en conclure qu'elle pouvait être mieux, qu'elle pouvait être bien? La question, il me semble, est toute dans ce peu de mots. Souvent tel inconvénient nous blesse, parce que nous n'avons pas bien apprécié la nécessité qui le produit. Il est rare qu'on ait pu se donner en politique la meilleure organisation, mais seulement la meilleure qu'on puisse supporter; le gouvernement de la France peut-il être autre que ce qu'il est? De ce qu'il a des inconvéniens, y avait-il quelque chose qui eût des inconvéniens moindres? Le gouvernement en un mot, et ceci comprend tout, est-il le résultat d'une volonté capricieuse, ou d'une volonté rationnelle; en dehors des tems, ou dans la vérité des conjonctures?

Je vais vous donner mes idées à cet égard, et c'est dans leur exposé que peuvent seulement se trouver les réponses à vos objections.

Notre gouvernement est jeté dans des proportions nouvelles; cela est vrai; à tort ou à raison, les idées de la France fixées en ceci, demandaient autre chose que ce qui a existé. La démocratie pure était trop; la monarchie constitutionnelle à fiction rétrograde, à esprit de résistance, n'était pas assez! La royauté co-existante et co-souveraine, n'étant plus un fait, ne pouvait plus devenir une supposition. Le sceptre, cessant d'être un joujou de fée, n'était qu'un insigne politique, fait à la règle et au compas; que ce fût un mal, que ce fût un bien, la question n'est plus là; c'était une nécessité. Dans les convictions de la France, rien aujourd'hui ne peut prendre la place des vérités de raisonnement; le raisonnement a atteint, a refait les principes. Si, en 1830, il eût été possible de restreindre les exigences de l'esprit public, et de continuer en principe l'ancien ordre des choses, par cela même il eût été facile de fonder le nouveau sans les contradictions qui le menacent. Chose pareille a eu lieu en Angleterre; le changement de dynastie n'a pas eu de résultats fâcheux, mais il y a 150 ans de cela; mais alors il y avait moins de journaux à Londres, qu'on n'en lit aujourd'hui dans un village en France. Fixons-nous bien à cet égard; les difficultés de la France tiennent à ce que la royauté ancienne était impossible, et non pas à ce qu'elle a changé de dynastie. Voulant ce qu'elle veut, elle a préféré la branche cadette, parce que la branche aînée eût consacré une plus grande anomalie et de plus grands dangers. Ceci répond à cette opinion trop répandue qui rattache les embarras de la France à un changement de personnes. Cette opinion a pris l'effet pour la cause. Si le Duc de Berry eût été possible, Louis Philippe serait sans inconvénient. Qu'a voulu la France? la France en politique a pâti de tout; le principe de son gouvernement s'est toujours faussé à son détriment; république, la liberté s'est faite anarchie: empire, la gloire s'est changée en despotisme: monarchie constitutionnelle octroyée, la cour est devenue le gouvernement. Y a-t-il eu une nation plus tiraillée, plus expérimentée?

Vous direz que la cause en est en elle; eh bien, elle a voulu reprendre la question et s'essayer elle-même dans des conditions nouvelles. Durant une longue expérience de 40 ans, les idées ont mûri et l'esprit public s'est fait des convictions à ne plus en revenir. Il a jugé irrévocablement ce qui ne pouvait pas être sans danger, et dès-lors ce qui ne devait plus être. Plus de passé dans le droit, plus d'irrationalité menaçante dans le présent; plus de moyens de se faire autre dans l'avenir. Le gouvernement de la France doit suivre une ligne parallèle à son esprit public; il doit y avoir entr'eux corrélation et réaction sympathique. On a pensé que le gouvernement de 34 millions d'individus devait avoir un centre fixe et consacré une fois pour toutes. Ce centre, on l'a appelé royauté; on a vu en elle un symbole d'unité, un principe politique exceptionnel par ses prérogatives d'hérédité, d'inviolabilité et d'irresponsabilité; mais dissemblable du reste, seulement par cela; car dans cette royauté, la France n'a pas cherché une influence, elle a voulu seulement y trouver un obstacle au mal, une impossibilité à vouloir trop. Il lui suffisait que la royauté fût, que le principe de son existence, par cela qu'il était, repoussât ce qui voudrait prendre sa place. Par la royauté, la France avant tout a voulu deux choses; s'enlever le droit de vouloir trop, s'abriter contre ses exagérations, et se donner le moyen, la nécessité d'un appel d'elle à elle-même; voilà je l'avoue, quel est au fond l'esprit de la royauté nouvelle. Le sentiment et l'imagination peuvent s'y attacher une fois, mais ils ne sont entrés pour rien dans sa fondation; est-ce étourdiment, capricieusement qu'on l'a préférée ainsi? La nation voulant le plus de liberté possible, y avait-il une combinaison qui empêchât mieux trop de liberté, qui pût mieux la satisfaire et l'arrêter dans ses impatiences? et dès l'instant qu'elle seule pouvait obvier à la république, y avait-il à hésiter? Y avait-il de l'inconséquence à la déclarer seule possible, seule efficace? et si même cette combinaison venait à ne pas parfaire sa tâche, si elle venait à se trouver au-dessous des événemens, pourrait-on en conclure qu'il y avait quelque chose, qui mieux qu'elle, eût sympathisé avec la France, eût atteint le but cherché? Il ne faut pas que notre amour de l'ordre surprenne notre raison et nous rende injustes; il faut se dire que les conditions de cet ordre, comme nous le concevons, peuvent venir à manquer; que ce peut être le tort d'une époque, plus que le tort des individus; que, dans ses développemens précipités, l'esprit humain n'est pondérable que par le tems, et que les nations ont aussi leur époque de transition pénible, d'enfantement laborieux. En outre, il se pourrait que, dans cette question, l'esprit fût trop exclusivement préoccupé d'une seul nature d'inconvéniens, et qu'il ne vît de danger que là où il y a présentement trop de volonté. Un peuple qui se donne un gouvernement à forme monarchique, pour être libre, est instinctivement poussé à le doter de moins de pouvoir qu'on ne pourrait lui en accorder; le pouvoir se retrempe par l'exercice; il se pourrait que plus fort, il se fît trop fort, et que pour éviter les inconvéniens de sa faiblesse, on tombât dans les dangers de sa force. Ainsi par exemple, la royauté purement principe politique, n'ayant d'influence qu'à ce titre de principe, vous paraît insuffisante; vous pensez qu'on pouvait lui donner plus d'action propre, la faire moins dépendre des autres; vous la jugez trop faible enfin. N'y aurait-il pas eu des inconvéniens plus prochains à la faire plus forte? N'avouez-vous pas que telle qu'elle est, son manque de sincérité a pu grossir les difficultés, compromettre son existence, éveiller des craintes? pensez-vous que si elle eût eu plus de puissance, plus de moyens d'exploiter à son profit ce manque de sincérité, il en fût résulté plus d'équilibre dans le gouvernement, plus de satisfaction dans le pays? Direz-vous que, légalement assez puissante pour ne pas craindre, elle n'eut pas mésusé de sa force? Quoi le prouve? N'y a-t-il de l'ambition qu'en dehors du pouvoir? La coalition parlementaire l'a fait voir assez clairement. Voulez-vous que la royauté finisse en France? constituez-la pour résister; voulez-vous qu'elle dure? constituez-la pour qu'elle cède. Vous dites que, fondée ainsi, elle est dans le fait sous l'action de la majorité, comme un monticule de sable sous le coup de la vague qui l'amoindrit; qu'elle est là, comme une lampe qui n'éclaire qu'à condition de se consumer; de sorte que cette sincérité qu'on lui demande, dont on lui fait une nécessité, est bien réellement sa sentence de mort. Je n'en conviens pas; je crois que vous concluez un peu vîte de l'être moins, au n'être pas. Tant que la royauté se fera ce qu'elle doit être, elle restera le plus grand intérêt politique de la France; elle restera le second *moi* de la liberté. Il se peut, que pour maintenir l'harmonie, pour être dans son point de vérité, elle soit tenue à se restreindre, à se replier dans son esprit; mais cette tendance n'ira jamais jusqu'à l'extinction; la royauté, principe en France, durera autant que l'unité de la France, que sa concentration politique. En aucun tems, 34 millions d'hommes, tenus à se fondre pour préserver leur nationalité, ne pourront se passer d'un centre commun, d'un principe qui les lie. La république, une et indivisible, est jugée irrevocablement dans le pays par l'intérêt et le bon sens de l'immense majorité. Ce n'est pas dans le moins d'actualité que la royauté peut donc trouver la date de son anéantissement; il y aura toujours une place qui ne pourra être occupée que par elle. Voilà pourquoi, dans l'intérêt de tous, d'elle comme de nous, il faut lui demander d'être toujours; mais pour être toujours possible, de s'abstenir de ces griefs, de ces essais qui peuvent devenir l'occasion et le prétexte de violentes complications.

Et quant à cette autre nature de danger que vous apercevez dans l'action trop à découvert de la majorité, il ne peut exister que dans ses impatiences, et la royauté peut l'arrêter sur le fait. Elle peut en appeler au pays; et puisqu'il n'y a aujourd'hui de force directrice et d'appui sûr qu'en lui, il faut lui venir en aide; il faut l'amener au calme par la confiance; à la confiance par la sincérité. Fort de cette sincérité, puissant de cette confiance, le pouvoir peut espérer de se faire écouter, et réagir à son tour sur l'esprit public. C'est aujourd'hui la seule voie où il y ait salut pour tous.

Cette façon d'exister, blesse les vieilles idées reçues de la royauté; on a l'air de se servir d'un même mot pour deux choses différentes. Cela se peut; la royauté nouvelle n'est pas seulement en principe comme l'ancienne, l'expression de l'intérêt général; elle en est dans la pratique, dans sa réalité, la traduction vivante; et s'il y a des risques à cela, à quoi n'y en a-t-il pas aujourd'hui? et les plus grands, les plus prochains, seraient sans doute pour elle à fausser son esprit, à contrarier son principe.

Vous pensez que l'avenir a pris une trop grande place dans le présent, j'en conviens sans peine; il serait à désirer, qu'en politique aussi, on pût dire avec une femme célèbre: „Faisons le bien de ce qui nous entoure; ce qui est plus loin ce n'est pas notre affaire." Ce serait-là une résolution fort sage; est-elle praticable? Le progrès est si rapide, si instantané, l'esprit humain si vivement préoccupé d'améliorations, l'impatience du mieux si générale; il est tant d'inventions, de nouvelles applications qui changent nos goûts, nos habitudes et modifient promptement nos idées, il y a enfin en toutes choses tant de mouvement dans le monde, qu'il n'est vraiment pas aisé de tirer une ligne de démarcation entre ce qui est et ce qui va être. L'avenir aujourd'hui, c'est déjà demain; c'est ce mouvement senti par tous, partagé par tous, même par ceux qui le condamnent, qui est l'irréfragable élément révolutionnaire qu'il faut subir, et auquel il faut trouver ses conditions d'ordre.

Le problème gouvernemental naguères, consistait à trouver l'harmonie dans le repos; de nos jours, il s'agit de rencontrer l'équilibre dans le mouvement. Nous marchons tous, nous marchons toujours; en avant, est le cri de vie de la civilisation; le plus immobile défenseur du passé, dès qu'il rentre en lui-même, doit être effrayé de si peu ressembler à son père. En politique, comme principe, comme droit rationnel, tous admettent la liberté; et dans cette limite, les souverains aussi la saluent; la divergence n'est que dans l'application; que dans ses proportions de résultats; mais le principe gagne, tous les jours il grandit; tous les jours quelque chose cesse d'être vrai, cesse d'être possible. Voyez la vieille Angleterre; l'ordre politique le mieux affermi dans les tems, le plus enfoncé dans les moeurs et les convictions; elle aussi s'ébranle sur ses ancres, et crie d'allonger les cables. Le radicalisme, il y a 20 ans, poursuivi comme un ennemi public, traîné aux gémonies, siège au parlement pour ne rendre possible que l'esprit gouvernemental, qui n'est plus le vieil esprit de l'Angleterre. Il siège au parlement pour être une fois peut-être le seul esprit de gouvernement possible contre les ultra-radicaux.

Dans ce mouvement universel, le tort de la France est d'être la première sortie des vieilles barrières; d'avoir eu la première à essayer d'une combinaison nouvelle pour un monde nouveau. L'a-t-elle fait passionnément, irrationnellement? N'a-t-elle pas subi les hommes et les choses dans une juste mesure de sacrifices et de résistance? N'avouez-vous pas que la pairie héréditaire était devenue chose non réalisable? et n'avouez-vous pas aussi que l'élément démocratique a été restreint dans son action à sa moindre limite? Ainsi, s'il y a eu nécessité d'atteindre le principe conservateur, on a résisté légalement au principe de mouvement; et cet exemple me semble décisif et constater suffisamment qu'on n'a cédé en tout qu'à la raison, faite autre par les tems et les circonstances. Que si pourtant, malgré tout ce qu'il a été possible de faire, pour l'assurer dans l'esprit du pays, et lui concilier ses sympathies, ce gouvernement venait à être interverti, aboutissait à un avortement, même alors, il ne serait pas dit que devant une volonté irrésistible, une tendance impérative, il y eût eu sagesse à vouloir autrement qu'elle, et possibilité de faire mieux qu'elle n'a fait. Le gouvernement peut devenir autre; mais ce ne sera probablement pas pour se donner ce qui lui manque selon vous; il est à croire qu'il s'agiterait dans des combinaisons nouvelles, sans retour au passé; qu'il s'éloignerait davantage de ce que vous indiquez devoir être sa base; et qu'ainsi, tel qu'il est, il serait la combinaison préférable possible.

**M. B.**

L'esprit du pays, les sympathies nationales, ce sont là des choses élastiques qui se prêtent admirablement au raisonnement; mais dans la pratique, et chez vous surtout, elles résistent plus qu'elles n'appuient. Votre gouvernement est tout de volonté nationale; la confiance est son premier besoin, son seul moyen d'action; cette confiance ne peut naître que dans le calme, et ce gouvernement est néanmoins celui qui consacre le plus de troubles et d'agitation; c'est-à-dire qu'il produit avant tout ce dont il souffre le plus. Il est donc à supposer, qu'indépendamment de ses difficultés propres, des risques de sa marche à la fois ascendante et décroissante, cette agitation une fois se jettera à la traverse, l'empêchera de venir à terme, et le compliquera de ses violences. De tous les gouvernemens possibles, le votre paraît sûrement le plus menacé; mais enfin, puisqu'il est tout dans l'esprit public, que ses moyens et ses garanties ne sont que là, après l'avoir vu en lui-même, il est à propos de le voir et de le chercher dans cet esprit public. Si vous le voulez donc, nous sortirons du navire pour suivre la vague qui le pousse.

---

L'homme placé sur le rivage, qui voudrait suivre de l'oeil les vagues d'une mer houlleuse; telle est la position de celui qui, par la pensée, cherche à saisir toutes les causes qui bouillonnent sur cette autre mer qu'on appelle l'opinion. Essayons le pourtant.

L'esprit public naît de l'homogénéité d'intérêt et de l'identité de conviction. Il est la voix d'un peuple dans son immense majorité. Y a-t-il quelque chose de pareil en France? Y a-t-il un esprit public *un*, impossible à méconnaître, facile à comprendre? Ne se pourrait-il pas, que là seulement il y eût des idées, des volontés, des exigences? Même par une majorité parlementaire forte, cet esprit public serait-il ou satisfait ou contenu? N'est-il pas partout comme obstacle? est-il quelque part comme appui suffisant? et d'où vient ce tiraillement, cette excentricité, cette anarchie de l'esprit public? Ne serait-ce pas que chez vous, tout le monde veut, *quand même* parce que au fond, personne ne sait bien ce qu'il veut. Je n'entends pas ici faire un reproche ou banal, ou gratuit à votre caractère national; je crois qu'il y a des causes à ce fâcheux état de l'opinion, et que ces causes sont dans les choses autant que dans les hommes.

En France, on a d'abord conçu la liberté comme une abstraction, comme un droit, et on l'a poursuivie dans le raisonnement. Le fait, l'exercice ne l'ont pas faite apprécier comme chose, comme réalité. On a parlé de la liberté plus qu'on ne l'a sentie, qu'on ne l'a touchée; elle a excité l'esprit, enflammé l'imagination; mais la main ne l'a pas pesée, mais la raison ne l'a pas additionnée, mais elle ne s'est pas fixée dans le calcul, matérialisée dans les intérêts. On lui a bâti des temples sur la place publique, mais elle n'a pas été la divinité, la providence, le revenu du foyer domestique. On l'a faite à l'image de tous, sans la faire reconnaître à personne; c'est que la

France s'est mise dans une position inconciliable, dans un état de perturbation nécessaire. Elle à voulu faire marcher de front 34 millions d'individus à la démocratie, et les y conduire par la forme monarchique. Le but seul serait une immense entreprise; le but par le moyen, est une incessante contradiction. Une démocratie à centre immuable, à fusion de tous les intérêts, à physionomie abstraite de tous les droits, est chose contraire à l'esprit de liberté, contraire à la nature des choses dans la pratique; c'est par cela que les hommes sont libres, qu'ils resserrent leur liberté, qu'ils se l'appliquent le plus sensiblement, le plus prochainement possible; qu'ils la différencient dans des choses de détail, la plient à des besoins propres, à des convenances de position, et lui donnent un air de localité. Elle reste pour eux un fait constant, réel, sensible comme la bonne santé; il suffit d'un peu de bon sens pour la comprendre, du plus petit intérêt pour l'aimer et la préserver. Ce n'est que dans la grande communauté, ce n'est que comme lien du faiseau, que la liberté revêt ces formes vagues et abstraites de principe et de droit, et procède par généralités. C'est ainsi que les grandes agglomérations démocratiques se sont élevées dans le monde par le système de fédération, la Grèce, l'Italie, les Pays-Bas autrefois, et de nos jours les États-Unis et les Cantons suisses. Dans la petite communauté, l'esprit public se dessine aisément parce qu'il ne s'exerce que sur des choses sensibles, pratiques, et qu'il ne saurait y avoir que deux manières de voir; et dans la grande patrie, dans le centre commun, il se montre aussi sans difficultés, parce qu'il ne porte que sur des points peu nombreux de convenances et d'utilité générales.

Mais en France il en a été autrement; au lieu d'aller de la liberté de la commune à la liberté politique, du fait au droit, de voir dans celui-ci l'extension et la garantie de celui-là, on a au contraire consacré la liberté des droits, pour en faire naître la liberté des intérêts; on a enlevé à ceux-ci ce qu'ils ont de précis, de local, de prochain; on a tué les opinions de lieu, le patriotisme de localité. La liberté comme action et comme réaction, a été toute dans la politique. Les esprits sont tombés dans les abstractions, les intérêts dans les généralités; il n'y a eu de vie et de mouvement que pour ou contre le gouvernement; les oppositions de détail, spéciales, se sont changées en chocs de masses, incertaines dans leur but, indifférentes dans leurs moyens, aveugles et violentes dans leurs volontés. Le gouvernement étant resté le seul intérêt, nommant un maire de village, faisant construire un pont sur un ruisseau, tout étant en lui, venant de lui, tous ont dû se préoccuper du gouvernement.

Sans doute, le peuple est toujours un excellent juge de l'exercice du pouvoir; mais ici, par l'effet de la centralisation, de la fusion de tous les droits en droits politiques abstraits, les individus de toutes les classes ont été excités à s'enquérir, à s'inquiéter des principes du gouvernement, à rechercher et à juger

le fait dans le droit. La France est devenue une
chaire de politique scholastique. L'homme de la cam-
pagne, par cela que sa liberté vient de loin, qu'elle
n'a pas de signe sensible, de physionomie locale,
qu'elle est un reflet d'ailleurs, que tout se passe chez
lui en raison de ce qui se fait plus haut, est poussé
à raisonner la liberté, à remonter de son conseil mu-
nicipal au conseil des ministres, et du maire de l'en-
droit au Roi de Paris. Or, il serait assez de cette
circonstance, que tant d'individus si divers, si différemment placés, si loin les uns des autres, par leurs
lumières, leurs caractères; si dissemblables par leurs
goûts et leurs habitudes, aient à s'occuper également
du gouvernement, pour que la divergence des opinions
amenât l'anarchie des idées. Dans ce conflit, l'ignorance des uns donne plus de force à ce qu'ils appel-
lent l'esprit des autres. L'homme sent peut-être d'autant plus vivement qu'il pense par autrui; les passions
s'agitent; le fluide électrique circule; on s'arme de
raisonnement, on veut diversement, on veut autre
chose, on n'est d'accord que sur un point, que ce
qui est, pourrait être mieux; or, dans ce déchaînement de volontés, où est l'appui qui garantira ce
mieux? où est l'esprit public certain de ce qu'il veut,
sûr de ce qu'il peut? Les événemens de 1830 n'ont
fait qu'empirer cet état de choses; en mettant le droit
au service de la volonté, ils ont mis mieux à découvert tout ce que la France renfermait de contradiction
et de désordre moral. Sans doute, dans leurs motifs,
ces journées ont été grandes et glorieuses; mais ici,

je ne les considère que dans leurs effets, dans ce qui les a suivies. L'ensemble fut admirable pour la résistance, parce que là, il suffisait de sentir de même; mais dès que les événemens rentrèrent dans le raisonnement, dans la discussion, il ne fut plus question d'unité d'esprit et de volonté; et si la loi électorale, faiblement modifiée, et maintenue en dehors des exigences nationales, comme une anomalie nécessaire, n'eut aidé à sortir d'embarras, déjà alors le gouvernement devenait probablement impossible, c'est-à-dire, que pour fonder le gouvernement de tous, il a fallu ne suivre que l'opinion de quelques-uns. Depuis neuf ans que la France est livrée à elle-même, que rien ne la gène, qu'elle cherche librement sa solution, où cet esprit public incontestable s'est-il fait voir? Est-on aujourd'hui, sous son inspiration plus en état d'asseoir l'ordre et la durée? Le mouvement parlementaire, la coalition, n'a-t-elle pas montré quelle était son insuffisance, même parmi les plus capables? Il est à croire que sa force se fera longtems attendre; que longtems la divergence des opinious sera la conséquence de sa faiblesse.

Vous direz, que les difficultés de la position sont faites; qu'elles tiennent à des considérations majeures; que l'existence y était attachée, et que pour sauver la France, il fallait la vouloir comme elle est. Cela se peut, et je parle seulement des conséquences de la position faite, et je dis, que l'impossibilité à se donner un esprit public comme vous l'entendez, est une de ces conséquences. La centralisation, en remuant tout, a tout excité. Dans son homogénéité radicale, elle est pour les masses une cause d'agitation; elle les rend impatientes, impressionnables, soucieuses de l'événement, faciles à entraîner, toujours prêtes à se grandir. A l'individu elle donne trop de facilité à se passer des qualités qu'il n'a pas; trop de moyens d'abuser de celles qu'il a. La réputation acquise sous la garantie d'un contrôle sévère, cesse d'être et possible et nécessaire; on ne demande plus à l'homme ce qu'il est, on s'enquiert de ce qu'il veut. Il n'importe plus qu'il soit le citoyen honorable d'une ville, il suffit qu'il se dise l'homme du pays et se fasse le drapeau d'une opinion. La centralisation n'est pas forte de moralité, n'est pas de nature consciencieuse; c'est à l'esprit, c'est à la passion qu'elle fait la meilleure part. Là on ne juge pas l'homme par ce qu'il vaut, mais seulement par ce qu'il paraît valoir pour les autres, et l'opinion y gagne en force parce qu'elle y perd en vérité; aussi voyez cette incessante rotation de personnes au pouvoir; des esprits politiques partout; nulle part des hommes d'état.

Que sera-ce maintenant, si sur cette disposition, devenue naturelle, nous faisons intervenir l'action de la presse et de l'industrie?

La presse en France a une portée qu'elle n'a pas ailleurs, et par ce que la nature vous a faits, et par ce que la politique vous a fait devenir, nul peuple n'est aiguillonnable, n'est entraînable par elle comme le vôtre. Les opinions se forment là par émotion plus que par réflexion; nulle part les mots ne sont plus expansifs, ne suppléent mieux à la conviction. Un mot, dans la tête d'un français, est une épée flamboyante dans sa main; celui d'aristocrate a fait verser bien du sang; celui de romantique produit bien du ridicule. Voit-on que vous vous soyez débarrassés, de cette impatience d'esprit, de cette difficulté à penser par vous-mêmes, à préserver votre raison du mouvement du sang? Ne vous accommodez-vous pas encore de ces phrases toute faites, de ces locutions sentencieuses qui tranchent une question, et viennent se placer au bout de chaque raisonnement, comme le refrain d'une chanson au bas de chaque couplet? Ce mot du jour, le roi règne et ne gouverne pas, n'est-il pas dans toutes les bouches? n'est-il pas pour chacun le coup de hache qui coupe le noeud? Si le roi pourtant peut renvoyer le ministère et dissoudre la chambre, il est des cas où il fait acte de gouvernement; il se pourrait donc que toute la vérité de cet axiome politique se réduisit à ceci: le roi règne seul, et la royauté gouverne en commun, et cela ne valait guères la peine d'être dit.

Mais les moindres inconvénients de la presse peut-être, se trouvent dans son caractère politique. Elle en a d'une autre nature, et plus irrémédiables; la presse est une industrie, un intérêt mercantile, on imprime des feuilles comme on cuit du pain; et cet intérêt, pour vivre, a besoin de mettre l'eau trouble en ébullition, ainsi qu'un navire a besoin de vent pour traverser la mer. Comme industrie, la presse n'a pas d'intérêt à rendre un peuple moral; elle en a à le rendre plus soucieux, plus avide de discussion, à le faire lire davantage, à faire de la vérité une chose qu'il faut chercher toujours pour ne trouver jamais. L'ordre, la stabilité, l'absence de griefs pour cette presse, serait l'état de paix perpétuelle pour le marchand de poudre à canon. On a proposé de chercher le remède au mal dans son excès même; de rendre la presse plus libre, plus déchaînée, pour la diviser par le nombre et l'affaiblir dans la concurrence; ce serait là peut être une expérience aventureuse; est-il bien sur qu'en élargissant la cause, on amoindrit l'effet? Il y aura plus de journaux, mais y aura-t-il plus de gens modérés qui écriront, plus de gens sensés qui liront? mais écrira-t-on moins pour de l'argent, et cet argent le verra-t-on à être froidement vrai comme la raison, ou entraînant comme la passion?

Dans la pratique, les conséquences de la presse sont aussi irrémédiables en mal, qu'incontestables pour le bien; cet élément des sociétés modernes est bien réellement pour elles l'arbre de vie et de mort; vous espérez dans le fruit qui fait vivre, mais vous avez faim de celui qui tue.

Vous direz que c'est dans la jeunesse de la presse que l'inconvénient se montre à son plus haut point d'intensité; mais que le tems, par le progrès des lumières, doit amener le triomphe rassurant de la bonne sur la mauvaise presse; mais ce tems, est-il bien assuré que vous puissiez l'atteindre, et le vent qui souffle ne peut-il irrésistiblement conduire qu'au port? Cet esprit public, qui doit tout faire et tout abriter,

en fait-elle prévoir l'espérance, n'en constate-t-
elle pas bien plutôt l'impossibilité? C'est le progrès qui doit rendre la seule presse morale puissante;
mais ce progrès est interverti, fourvoyé par la presse,
par celle qui a le plus d'action sur les masses,
qui est leur véritable école primaire politique. Où
est l'issue de ce cercle vicieux? Direz-vous que
la presse est la lance d'Achille, qu'elle guérit le mal
qu'elle fait? Ses dictames ne se sont encore montrés
ni aussi prompts ni aussi certains que ses blessures; les
convalescences de son mal sont un peu longues, et
ses guérisons presque toujours pothumes.

Si l'industrie est moyen naturel de bien-être pour
l'individu, vue politiquement, elle est aussi élément
de perturbation pour l'état social. Elle mêle, con-
fond, déplace rapidement les existences; le mouvement est sa vie; elle vieillit le passé, et jette le présent dans l'avenir. Par elle, le bien n'est qu'une
transition pour arriver au mieux. Elle presse, elle
sollicite, elle pousse toujours. Cette allure vive, incessante, et jamais satisfaite, tient à la nature de ses
bienfaits; et telle qu'elle est, il faut l'honorer et la
protéger; mais enfin, sous ses inspirations on est
moins préoccupé de la stabilité de l'ordre et de la
règle; moins fixé dans ce qui est, que tendu vers ce
qui peut être. Le gouvernement qui se prête plus à
ses exigences, se plie mieux à ses impatiences, est
celui qu'elle préfère, qu'elle tend à se donner; car
pour elle il n'y a dans le monde que des intérêts positifs et des commissaires de police; elle matérialise

le pouvoir, et généralise l'individualisme. Or, cette impulsion est-elle de nature à donner de l'unité à cet esprit public, qui en France doit parer à une grande diversité d'obstacles et de dangers, et maîtriser tant de tendances contradictoires? et des gens agités, tourmentés de l'idée du mieux, sont-ils disposés à voir le présent autrement que dans l'avenir?

De tout ceci ne peut-on pas induire que l'esprit public, devenu dans votre organisation politique, non pas conseiller, non pas principe rationnel de détermination, mais agent direct, actif, irrésistible, mais moyen d'action journalier, ne peut fonder en France que l'instabilité de la règle, que des accidents de gouvernement.

## M. A.

Vous voulez me prouver que l'esprit public est chose peu rassurante et non rencontrable en France, tel qu'il y aurait nécessité à le trouver pour y rester l'appui et le moyen d'action du gouvernement. Si je partageais cette manière de voir en tous points, et que je vinsse à vous demander: Où trouverez-vous cet appui et ce moyen d'action? que mettrez-vous comme garantie à la place de cet esprit public? probablement vous seriez fort empêché. Si la volonté nationale, comme règle, présente des dangers, toute autre combinaison est devenue impossible. Cette volonté nationale est la seule force, et laisse peu d'espoir; ce qui irait contre elle, en donnerait-il davantage? Il ne faut pas voir la solution de la difficulté dans une supposition. Il est une opinion qui s'émeut pour le pouvoir, et demande pour lui force et confiance; mais qu'entend-elle par le pouvoir? est-ce l'ensemble du gouvernement? Ce serait donc un autre pacte social, une autre base à ce pacte qu'elle demanderait. Veut-elle seulement parler de cette partie plus fixe, plus personnelle qui le figure et le détermine; mais celle-là ne peut être atteinte par les autres, que légalement, que par suite d'impulsion nationale. Il faut donc toujours en venir à l'esprit public comme unique origine de force, et seul moyen de redressement. Il faut le suivre, l'étudier, et pour ne pas l'avoir contre soi, l'avoir pour soi. Parler du pouvoir d'une façon abstraite, l'isoler de l'esprit public, le mettre aux prises avec lui, non comme une concession à son profit, qu'il doit méditer dans son intérêt, mais comme un fait, une nécessité qu'il doit subir pour son bien; c'est oublier l'origine et la nature du pouvoir; c'est faire de la légitimité, en dehors du principe de la légitimité; les motifs de cette opinion peuvent être purs, ses intensions bonnes, mais le monde est devenu difficile, et avant les bonnes intentions, il met les bonnes raisons.

Je le répète donc, il y aurait quelque difficulté à suppléer cet esprit public par un autre mobile d'action, et exiger qu'il se fasse différent pour être possible, c'est mettre une spéculation à la place d'un fait; mais tout en concédant les graves inconvéniens que la France peut rencontrer à déblayer sa route, je n'en pousse pas les conséquences si loin que vous;

je pense qu'on peut assigner des causes accidentelles aux dangers de la position, et que, ces causes éloignées la vie reste possible, si ce n'est entièrement rassurante.

Vous voyez le mal incurable parce que vous l'apercevez tout dans la nature des choses, comme les hommes et les événemens les ont faites. La centralisation agrandit trop le champ des discussions; elle appelle des droits trop vagues et des capacités trop inégales sur le même terrein; elle met l'esprit avant la moralité, le savoir-faire avant la conscience. En harmonisant la masse, elle a rompu l'équilibre dans l'individu; la presse et l'industrie, dans ce qu'elles ont de désordonné et de perturbateur, exploitent d'autant plus malheureusement les vices de la centralisation. Cela peut être, j'y vois une plus grande difficulté à constituer l'esprit public ce qu'il doit être, mais non pas l'impossibilité à le trouver jamais tel.

Quel est en France aujourd'hui le premier besoin du pouvoir? la première condition de sécurité pour lui et pour tous? Sûrement la confiance; cette confiance existe-t-elle? Et pourquoi n'existe-t-elle pas? — d'où vient que la France se complique en se refroidissant? que plus les passions se calment, plus les convictions prennent un caractère de gravité; que plus le gouvernement vieillit, moins il s'affermit; que plus fort dans la rue, il reste plus faible dans l'état; que ses succès parlementaires l'usent, et que le danger augmente pour lui, à mesure qu'il y échappe. Il semble qu'il y a une cause, indépendante des griefs que vous mettez en avant, qui a du amener ces résultats contradictoires; une cause qui a miné la confiance, et lassé l'espérance partout. Si sans son intervention, et seulement dans des appréciations générales, on voulait s'expliquer comme vous le faites, l'état de l'esprit public, ses dissidences et ses exigences, il est un fait qui viendrait arguer de faux cette manière de voir; ce fait, c'est le nombre et la variété et le caractère différent des adversaires du pouvoir. Les motifs, les idées, les circonstances peuvent être opposés, contradictoires; l'effet est partout le même; au bout de chaque attente, le désappointement; de chaque dévouement la désaffection. Qui le pouvoir a-t-il satisfait? et qui n'a-t-il pas mécontenté? Or l'erreur peut-elle se trouver à la fois à vouloir le plus et le moins; et la vérité est-elle à voir le point de juxta-position en dehors de tout esprit public, de toute impulsion nationale? car, pour que le pouvoir ait raison, il faut qu'à son égard, le pour et le contre aient également tort.

Le pouvoir a des ennemis naturels; il a eu à lutter contre la violence des partis, et tout le monde est venu à son aide; mais comment expliquer que ses amis les plus vrais, que ses défenseurs les plus dévoués au jour du péril, soient devenus ses adversaires après le succès? La coalition, quoi que l'on dise, et quelle que soit la manière de la juger dans sa forme et dans son action, au fond, a été en principe une sentence pénible contre le pouvoir; elle a constaté que la foi, la confiance, la sécurité manquaient chez tous; chez les uns, parce qu'elles n'avaient jamais existé, chez les autres, parce qu'elles n'existaient plus. Or, sous la lumière de ce fait, n'y a-t-il pas lieu à se demander si c'est la divergence, la diffusion de l'esprit public qui fait au pouvoir une nécessité d'être habile, ou si c'est son habileté qui jette le trouble et l'irritation dans l'esprit public?

Dans votre manière de juger la France, vous semblez regarder le pouvoir comme patient inerte de cet esprit public, et souffrant inoffensivement de lui. Vous parlez de la mauvaise construction du navire, de l'emportement de l'équipage, et des vagues et des vents, mais de la manoeuvre, vous n'en parlez pas. Est-ce que la forme du gouvernement représentatif, avec ses poids et ses contrepoids vous ferait illusion, vous porterait à voir là le pouvoir comme effet, et non pas cause, et à ne tenir aucun compte de sa volonté propre? En théorie, la vérité paraît sortir du gouvernement représentatif, comme une conséquence nécessaire, et on croit pouvoir en conclure son inévitabilité dans l'application. Les hommes s'imaginent trop communément qu'un état constitutionnel, avec une royauté inviolable, et deux chambres de nature diverse, a le grand avantage d'aller de lui-même, d'être bien, parce qu'il est; d'accord quant à la chose, satisfaits de ce qu'elle existe, la question des moyens leur semble de l'inquiétude; ils ont l'air d'être persuadés qu'un pareil gouvernement peut à la vérité être plus ou moins bon; mais que, tel qu'il est, et parce qu'il est, il est toujours satisfaisant; c'est là une erreur, une indifférence coupable. Un gouvernement libre vicié, peut à la longue devenir la combinaison pire, parce qu'avec la vérité pour principe, il a le mensonge pour moyen; qu'il introduit infailliblement l'anarchie dans l'administration et tend à l'affaiblissement et à la corruption de la morale publique. Or, le gouvernement libre est vicié, il est sur la voie de cette combinaison pire, du moment qu'il s'appuie sur une légalité factice, qu'il a pu se créer, et fausse l'esprit, au moyen de la forme.

## M. B.

Je ne conteste pas des faits; le gouvernement a usé de son influence; il en a usé plutôt personnellement que constitutionnellement; c'est un incident que je vous abandonne; mais la véritable question est de savoir, si par cette influence, il a provoqué plus de mal qu'il n'a fait de bien; s'il est à la fois comptable d'inconstitutionnalité, et coupable d'aggravation.

Il est des momens, où le principe des majorités peut aisément devenir la traduction malheureuse de la souveraineté du peuple, ressembler au gouvernement de la multitude, et se présenter comme la révolte des bras contre la tête; si le gouvernement avait à se prémunir contre une majorité d'entraînement, d'impulsion trop ardente, ne pouvait-il pas essayer sur elle l'influence de ses lumières, de sa raison, de ses prévisions? et si le peuple, du pouvoir en appelle aux majorités, ne lui était-il pas permis à lui, d'en appeler des majorités au pouvoir mieux connu?

## M. A.

Sans doute, le principe des majorités peut avoir ses dangers; où n'y en a-t-il pas? Dans sa généralité, il menace tristement de réduire le gouvernement des hommes à une addition dans la rue; mais nous n'en sommes pas encore là; il ne s'agit encore chez nous, que de la majorité dans l'élite. Lorsque l'influence dont vous parlez vient à se montrer, est-il incontestable qu'elle ne repose que sur des motifs purement rationnels; qu'en vue de l'intérêt général, que pour empêcher l'empiétement, et retenir partout dans la vérité constitutionnelle? et dès que le besoin de cette influence se fait sentir, n'en faut-il pas conclure qu'il y a un vice dans la formation de la majorité; que ses bases sont ou trop restreintes, ou trop étendues; et quel argument plus décisif en faveur de la réforme électorale? Ce que vous dites pourrait être spécieux exceptionnellement devant un fait isolé, pour un cas accidentel, mais ne peut jamais être vrai d'une façon permanente, comme système, comme parti pris. Or, expliquez-nous pourquoi depuis neuf ans, de nuance en nuance le pouvoir a rompu avec tous ses amis; depuis Lafayette, jusqu'aux doctrinaires; depuis les idées démocratiques, jusqu'aux principes conservateurs; pourquoi il est si difficile à traduire en vérité, qu'il a toujours fini par échapper aux dévouemens les plus purs, aux intelligences les plus élevées; pourquoi il a constamment tendu à abuser des choses pour user les hommes? On peut douter

que l'influence qu'il exerce, soit celle dont vous parlez, lorsque des esprits graves, consciencieux, éprou-
vés dans leur conviction, leur moralité, au-dessus
des imputations banales d'intérêt et de versatilité, et
qui, dans des tems difficiles, en face de l'émeute,
ont dû avant tout préserver le pouvoir, cèdent enfin
à l'urgence de le préserver d'une autre manière, et
de lui expliquer ses succès. Le mal radical, le mal
actif de la France, j'y reviens, c'est le manque de
confiance. La foi manque partout; ceux qui appuient,
le font dans la crainte du pire, et non par conviction
du bien; personne ne croit à l'avenir dans le présent,
ce manque de confiance est avant toute autre cause,
le grief saignant qui depuis neuf ans fait un souci
d'aujourd'hui, et un problème de demain; la racine du
mal vient de loin; la royauté s'est foulée dans son
berceau.

Quand on cède au voeu d'un peuple, le premier
devoir envers lui, est de lui faire respecter ce qu'il
élève; à Rome, dès qu'un consul était nommé, les
haches le séparaient du reste des citoyens; dans le
mouvement de Juillet, tous pouvaient céder à de
l'entraînement; tous, excepté la royauté; sa popularité accusait trop de reconnaissance; c'est pour cela
que la veille on n'était pas Roi, que le lendemain on
ne devait être que Roi. L'homme ne respecte pas
longtems ce qu'il touche; le respect tient à la distance,
et il n'y a qu'un moment pour poser la barrière. Le
peuple a un instinct infaillible pour juger ce moment
et tâter les caractères; s'il voit jour entre la place

et l'homme, il y met la main comme un levier; mais si l'homme et la place ne font qu'un, s'il rencontre une volonté forte sur un grand droit, il revient sur lui-même et s'incline. Ces débuts de la royauté lui firent un premier tort irrémédiable; on la jugea dans ses condescendances; on sentit qu'il y avait moins de danger à fouler le pouvoir aux pieds, qu'à lui frapper dans la main; il le sentit bientôt lui-même et sembla se dire: Je me suis compromis par de l'abandon, faisons de sorte que cet abandon ait été de l'habileté; et aidé des circonstances, doué d'une supériorité incontestable, et malheureusement de cette tendance d'esprit qui rapetisse tout et voit les grands résultats dans les petits moyens, il est en effet parvenu à établir cette habileté comme un fait à subir; mais comme un fait, qui même vu salutaire, ce que personne ne veut voir, a le grave danger d'user le principe par l'action; ainsi, l'impossibilité de former un ministère, la nécessité d'en appareiller un mi-parti de pour et de contre, tout a tourné au profit de l'habileté et au détriment du pouvoir, et à chaque succès il a pu dire comme ce conquérant: Encore une victoire, et nous sommes perdus.

Sans doute, dans les conditions de la France, l'esprit public, comme moyen de gouvernement, est chose incertaine, sujette à bien des inconvéniens; la presse, l'industrie, la politique, tout ce qui vit de mouvement, a là une action trop vive sur la permanence des principes et des idées. Livré aux formes vagues d'une liberté que rien ne fixe, ne figure sur la terre, et dont l'esprit charge l'atmosphère, le pays s'essaie dans une aventureuse nouveauté. Je partage vos doutes, je conviens de tout cela; mais pour désespérer de l'expérience dans ses résultats, encore faudrait-il ne pas apercevoir des causes accidentelles, de nature à compliquer et à intervertir la marche; car s'il est difficile de satisfaire l'esprit public, il est plus dangereux de le suppléer et de s'en passer. La France n'est pas seulement travaillée par sa position faite, elle s'inquiète incidentellement à l'égard de son gouvernement; il ne lui est pas prouvé que ce gouvernement tel qu'il s'est fait, soit une conséquence de son organisation, et qu'il ne puisse pas être mieux en se faisant autre. Elle croit le voir être à son su, en dehors de la sincérité des institutions, se servant de la forme pour fausser l'esprit, et soumettant tout aux inspirations de l'habileté; mais cette habileté, supposée même du patriotisme, en principe, quel bien a-t-elle fait? chez qui a-t-elle ranimé la foi? Là même où on la sert, dit-on qu'elle est bonne en soi? Non, on dit qu'elle n'est pas le mal pire; dans ses convictions, l'habileté est seule en France; personne ne voit en elle un élément de durée, un système d'avenir. Beaucoup s'en irritent, tous s'en effraient; et si l'habileté ne s'hérite point, peut-elle au moins fonder un esprit public dont on hérite? Le fait prouve au contraire qu'elle vivifie cet esprit public dans sa diffusion, dans son anarchie; qu'elle le rend plus exigant, plus irrémédiable, et qu'un jour elle peut rester comptable de ses résultats. Je le crains pour elle, je le crains pour nous; l'habileté raisonne sur la France comme vous; elle s'excuse d'être un mal par la persuasion de l'impossibilité du bien; elle nie l'esprit public pour en tenir lieu; mais les faits lui ont-ils donné raison? En le rendant même impossible comme règle, l'a-t-elle rendu incapable comme force; la présidence réelle, la transparence du ministère, les griefs communs de la coalition, la réforme électorale, toutes ces questions de vitalité sont-elles usées, résolues définitivement à l'avantage du pouvoir? Est-ce purement par amour de désordre, par inquiétude volontaire, parce que la presse égare, parce que la centralisation obscurcit, que l'esprit public s'en préoccupe, et sous différentes formes, et par diverses voies se refuse obstinément au bienfait de l'habileté? Je le crois; vis-à-vis des Français aujourd'hui, il ne reste que deux argumens de quelque efficacité, la conviction ou la force; il faut les convaincre ou les vaincre.

De tout ceci je ne conclus pourtant pas que par d'autres idées de gouvernement, par un retour sincère à la vérité des institutions, et en venant franchement à l'aide de la volonté nationale, au lieu de l'exploiter contre elle, il fût coupé court à tous les inconvéniens et à tous les dangers. Non; le problême d'un gouvernement rassurant pour la France, sera toujours d'une solution hazardée; mais c'est dans l'esprit de ses institutions, que les inconvéniens et les dangers sont moindres; mais ce n'est que dans cette voie que peut se trouver le gouvernement possible à la longue, celui de la volonté du pays, épurée, et non suppléée.

## M. B.

Vous pensez que le gouvernement s'est trop aidé de l'insuffisance de l'esprit public, pour se donner pour lui, et vous voyez dans ce fait une complication grave et de nature à dominer aujourd'hui toute autre complication; c'est là une assertion que le patriotisme peut mettre en avant, mais à laquelle aussi un étranger peut se refuser. Loin de la France, il est naturel de juger l'édifice dans ses bases, de voir la vérité dans les causes générales. En se donnant pour l'esprit public peut-être le gouvernement l'a-t-il déjà empêché de prouver son incapacité. Rien n'affirme, qu'en le voulant sincèrement, et le cherchant de confiance, il l'eût trouvé et fort et suffisant. Le pouvoir peut n'être coupable qu'aux yeux de celui qui croit sûrement à sa réalisation en force et en durée. Que ce qu'il a mis à la place soit ou meilleur ou pire, reste un fait, que l'action gouvernementale a gagné du tems, maintenu le *statu quo*, dénationalisé la violence, et fait rentrer le mouvement des esprits dans les voies constitutionnelles; que si même il a par là compliqué ce mouvement, s'il a préféré des discussions à des révolutions, et des raisonnemens à des coups de fusil, il serait difficile de lui en faire un grief. Mais dans votre argumentation vous avez oublié un point; vous n'êtes pas seuls dans le monde; votre bonheur repose aussi sur des conditions au dehors, et le gouvernement qui doit donner ce bonheur, est dans la nécessité d'apprécier justement ces conditions. La France a certainement de grands moyens, des avantages positifs qu'il faut reconnaître ; mais l'idée qu'elle a d'elle-même repose trop peut-être sur l'infériorité des autres. Elle ne croit pas à la volonté d'autrui comme obstacle ; elle a conservé les inspirations de maître. Cette disposition peut vous rendre aisément injustes vis-à-vis de votre gouvernement ; lui, il est forcé de voir les choses comme elles sont, et souvent doit faire à vos véritables intérêts le sacrifice de vos exigences.

La France s'obstine à se faire en Europe une position d'ascendant exceptionnel ; mais, qui lui concède cette exception, et quoi la motive absolument ? Est-ce par sa puissance militaire ? mais celle des autres ne lui est pas inférieure. Est-ce par des souvenirs de gloire ? ils sont incontestables sans doute, mais depuis que les hommes s'égorgent, la gloire va des uns aux autres, et l'événement a prouvé qu'elle pouvait rester à la résistance. Est-ce par ce qu'il y a d'électrique dans vos motifs, d'entraînant dans vos idées ? mais ces motifs, ces idées peuvent trouver leur écueil dans leur excès même ; mais on peut craindre la conquête, plus encore qu'on n'aime la liberté. Est-ce enfin par une civilisation plus avancée, plus sympathique ? Soyons de bonne foi ; le mouvement social s'agite en France dans les hauteurs ; il a des formes plus vagues, plus étendues ; mais le véritable progrès, celui qui mène à la moralité par le bien-être, à la vérité par les lumières, y est-il plus vrai, plus réel qu'ailleurs? Sous quel rapport d'administration, de commerce, d'industrie, d'instruction, de perfectionnement moral a-t-elle établi son irrécusable supériorité?

Votre administration est-elle chose à envier? Tout le monde s'en plaint chez vous; tout le monde l'accuse d'impéritie et de corruption politique; la bonne administration demande la permanence dans les hommes; chez vous, les administrateurs sont pressés et fugitifs comme des ombres; la bonne administration s'asseoit dans l'esprit de localité; chez vous, cet esprit n'existe pas, ne peut pas exister; la commune n'est qu'un principe; le ministère fait tout, et le ministère est toujours à refaire.

Le commerce en France tire-t-il de votre civilisation un caractère particulier d'étendue, de stabilité et de richesse? Le Français est certainement celui de tous les peuples à qui l'esprit d'échange en grand, de vaste spéculation a le moins été donné; on trouve partout de grands établissemens anglais, allemands, hollandais, suisses, se succédant et prospérant de temps et de persévérance; le Français n'est susceptible ni de cette longue attente, ni de ces longues vues; en commerce aussi il est pressé, il est pour une réalisation prompte. Vous n'avez pas l'esprit de commerce, et c'est là une des raisons pourquoi vous n'avez pas l'esprit colonial qui est une de ses belles applications. Lorsque dans une colonie nouvelle, vous avez monté un théâtre et établi un évêque, vous semblez croire que l'essenteil est fait et que le reste suivra comme une conséquence. Votre commerce n'a point ce caractère d'étendue et de généralité qui en fait un motif essentiellement politique; il est tout dans le détail, la consommation prochaine, dans la prompte réalisation.

L'agriculture, sous l'influence la plus favorisée du sol et du climat, est-elle chez vous ce qu'elle est dans des pays moins bien traités? Vous seuls vous manquez de ce que tout le monde a; vous manquez de laines, de bêtes à cornes, et de chevaux.

L'industrie, cette industrie si exaltée, cette démonstration patente du progrès, est-elle si heureuse, si bien assise chez vous, qu'elle doive servir de guide à l'imitation des autres? Vos chemins de fer sont-ils mieux établis, à meilleur prix, et plutôt faits? Toutes ces vastes lignes devenues des mesures de gouvernement, qui doivent enserrer la France, et servir de véhicule actif à l'action d'une civilisation aiguillonnée, où sont-elles? Franchement, où l'industrie a-t-elle amené plus de mécomptes? Jusqu'ici n'a-t-on pas pu la voir toute dans l'art de mettre affiche? N'a-t-on pas pu se dire que la France rêvait en industrie, comme elle a parfois raisonné en politique? Vous voyez souvent le progrès dans des résultats imaginés, sans vous arrêter à la question des moyens; et pressés dans vos désirs, vous n'êtes avancés que dans vos projets.

Dans la voie des travaux publics, êtes-vous plus imitables? Vos ponts et chaussées, votre génie civil et militaire, avec leur prétention d'être seuls aptes à tout, sont-ils de nature à donner envie? Vos routes sont-elles meilleures que celles de la Prusse, de la Suisse, que celles de tout le monde? N'est-il pas vrai que vous perdez deux mille chevaux par an, de la morve, par suite de la construction vicieuse de vos écuries, sous la règle et le compas savant de votre génie militaire? Je vous crois si convaincu à cet égard que je m'arrête.

Sous le rapport de l'enseignement national, de la masse d'instruction populaire, la France est-elle une nation évidemment plus avancée et propre à rester le phare de la civilisation? Vous ne le pensez pas. Il y a moins d'intellectualité en France qu'en Allemagne; moins d'aptitude au premier dégrossissement de l'esprit que partout ailleurs. Il peut y avoir en toutes choses plus d'esprits remarquables, mais tous, pris en masse, y ont moins de lumières et d'instruction que tous chez les autres. Comme nation, vous n'êtes sûrement pas académique. Le peuple est généralement ignorant, et ce qui en sort, fait presque toujours de son demi-savoir une application fausse et violente. Là, les lumières arment l'esprit, plus qu'elles n'éclairent la raison; elles rendent plus mécontent des autres qu'elles ne réconcilient avec soi-même. L'instruction, chez vous, a une malheureuse réaction sur la volonté; elle la rend hostile; avec l'ignorance, vous perdez les qualités morales qui la modifient et abritent la conscience; et cet effet de vos lumières est-il bien propre à les préconiser chez les autres? est-on bien disposé à y voir plus clair comme vous, pour se sentir plus mal?

A quel titre vous donnez-vous donc pour les fils aînés de la civilisation? Sur quelle supériorité incontestable établissez-vous votre excellence? La providence sans doute, sous bien des rapports, vous a traités favorablement; mais dans la voie du perfectionnement, pouvez-vous faire de votre progrès un argument d'infaillible réaction? — et l'Europe, par crainte ou par déférence, doit-elle se faire à votre ascendant, et subir votre exemple? — Et s'il n'en peut être ainsi, si l'harmonie générale doit résulter d'une juste pondération; si, dans les conditions de cet équilibre, le poids de la France ne peut avoir qu'une valeur relative comme le reste, votre gouvernement n'est-il pas nécessité de voir ces conditions où elles sont? — et ces conditions, croyez-vous qu'elles se trouvent dans les exigences de votre esprit public? Ne tend-il pas à se refléter et par conséquent à vous isoler? N'est-ce pas là sa tendance d'instinct, et qui échapperait même à des résolutions de justice et de modération; et ne vaudrait-il pas autant dire qu'on veut la guerre pour la guerre, que de prétendre qu'on veut la paix par des moyens qui la rendent impossible?

Dans un juste tempérament, qui raisonnablement ne peut pas être un grief pour la France, votre gouvernement comme membre de la famille européenne, est justement tenu dans l'exigence des tems. Si votre esprit public tend à sortir de cette exigence, il ne peut l'aider sans danger, il ne peut satisfaire la France sans la compromettre; dans ce qu'elle peut vouloir, il doit chercher des garanties à ce que l'harmonie générale peut ne vouloir pas. Depuis neuf ans, tous vos hommes d'état ont jugé et subi cette nécessité, parce que cette ligne de conduite n'est point une improvisation des personnes, mais une conséquence de la force des choses. Puisque l'esprit public doit tout faire en France, il faut, qu'en dehors de la France, il prenne un caractère européen; alors vos agitations intérieures seront de moindre importance, parce qu'elle ne toucheront que vous. Jusques là, la question de savoir si le gouvernement peut vouloir tout ce que voudrait la nation, est une question fort ardue, et les justes appréhensions de l'Europe, répondent négativement. Aujourd'hui le pays menace de n'être plus contenable par l'habileté; la suspicion a gagné bien du terrain; l'élément populaire tend à se mettre à découvert, et la nécessité peut venir à peser sur elle. Votre gouvernement, plus dans le voeu national à vous, vous présentera davantage de ces garanties que vous voulez voir en lui; et à l'Europe, moins de celles qui motivent sa sécurité; ainsi, dans des prévisions d'intérêt général, on trouve aussi des argumens contre la consécration de l'esprit public, comme seul et direct mobile d'action du gouvernement; et peut-être, en retournant une de vos expressions, pourrait-on vous dire dans ce sens: Que ce n'est pas le tout d'être vrai, et qu'il faut être possible.

## M. A.

Vous cherchez les élémens de notre supériorité, et vous ne les trouvez pas; pourriez-vous en conclure que notre importance n'a rien d'exceptionnel; qu'elle est jetée dans le moule commun des autres importances? Nous ne sommes pas mieux administrés, mais nous le sommes également, uniformément; mais nous sentons tous de même les vices de notre administration; nous ne sommes pas plus éclairés, nous n'avons pas en masse plus d'instruction, de connaissances acquises, mais sur certaines choses, à l'égard de certains principes généraux, nous avons des idées plus fixes, mieux arrêtées, plus répandues. Nos leçons ont été nos expériences, nos convictions sont devenues pratiques. Quel qu'ait été l'effet de la liberté sur nos sentimens et notre moralité d'homme, et à cet égard aussi, je le pense, nous avons plus gagné que perdu, elle nous a grandis politiquement, nous a faits plus homogènes, plus compacts; en un mot, elle a élargi le *moi* de la France, et fait de ce pays une exception toute à l'avantage de sa force. Si d'une façon absolue, notre puissance n'est pas sans contrepoids, elle est relativement une chose hors de pair; nous pouvons contre tous par nous seuls; on ne peut contre nous que par tous; sans alliance, la lutte est possible de notre côté; elle n'est probable chez les autres que par l'union, et cette circonstance est assez différentielle pour asseoir exceptionnellement notre importance. Dans ces conditions d'harmonie générale qu'il est juste de subir, nous représentons individuellement plus, et ce ne peut pas être une raison pour céder davantage. Là il ne peut pas s'agir de compter les voix, mais de les peser; ces conditions, nous voulons les reconnaître dans ces proportions qui satisfont à la paix de tous, par la dignité de chacun. Vous pensez que l'esprit public dans sa vérité, comme moyen de gouvernement, deviendrait un argument politique contre nous; qu'on pourrait craindre qu'il ne tendit à intervertir ces conditions. La question, amenée à ces termes, devient bien irritante, presque provocatrice. On ne peut guères faire de cette prévision, une application personnelle à la France, sans la blesser, ni l'établir comme principe général, sans qu'il s'ensuivit que pour asseoir la paix de tous, personne ne devrait être maître chez soi. Certainement, si vous faites des choses, comme vous les avez faites, l'ultimatum de la bonne harmonie, si vous n'admettez pas que les événemens modifient; si toujours vous ne laissez à la France que la faculté de dire oui ou non; si en un mot, il faut subir la paix comme on subit la guerre, il se pourrait que par l'avénement de l'esprit public, les conséquences en effet pussent devenir autres; mais de bonne foi serait-ce alors l'esprit public, parce qu'il est esprit public qui aurait amené ces éventualités?

L'Europe a des intérêts d'ordre et de bien-être qui excitent directement toute sa sollicitude; si elle redoute l'esprit public de la France, dans ses tendances d'instinct, elle a de justes motifs de faire ses réserves contre cette tendance, et de tendre à l'affaiblir et à la décréditer par des moyens opposés aux siens, et amenant de meilleurs résultats. Dans cette lutte de noble émulation, il n'y aurait qu'à gagner pour tout le monde; mais si l'Europe ne voit cet esprit public que dans ses effets hostiles, dans sa tension matérielle, il se pourrait qu'elle le jugeât, trop préoccupée de ses craintes, trop sous l'influence de ses souvenirs. N'a-t-on pas vu le danger qu'il y avait à subir une idée fixe et à lui sacrifier? Napoléon était tombé, qu'on organisait l'Europe non pour elle, mais contre lui; son ombre pesait sur le congrès, et le congrès qui devait refaire le monde, ne construisait que des ruines. C'est une erreur, je le crois, de voir toujours l'empire dans la France; l'empire était le fait et l'appétit d'un seul; c'était une orange dans la main d'un homme; la France était violentée par l'empire comme le reste; ce gouvernement lui coûtait la prospérité qu'elle n'a connue qu'après lui. S'il y a de l'inquiétude dans l'esprit public en France, c'est véritablement pour trouver son assiette, pour s'asseoir; et si cette inquiétude venait à menacer de perturbation au dehors, ce ne serait en principe que pour maintenir le droit de chercher à être mieux chez soi. Rappelez-vous que c'est, poussée par des intérêts personnels, et non par impulsion nationale, à laquelle ces intérêts faisaient violence, que la France s'est montrée envahissante. Ce sont là de ces épreuves qu'on ne subit pas deux fois, et les gloires qu'il faut payer, deviennent tous les jours plus impossibles. Rappelez-vous, que même la première révolution ne s'est faite subversive, que pour avoir à repousser l'agression; n'est devenue forcenée, que par la violente nécessité de la guerre.

Si le gouvernement actuel, dans les conditions d'harmonie générale, pouvait ne partager les idées de l'Europe que dans l'intérêt de la France, il serait plus hasardeux de lui refuser son approbation; à mêmes intentions, à mêmes motifs, il joindrait plus de lumières, et il serait opportun de se dire qu'il a fait tout ce qu'il y avait de mieux à faire. Cette condition peut lui manquer; il est bien sûr que l'intérêt de la France le guide, mais il n'est pas incontestable que cet intérêt l'éclaire seul; aux convictions du bien de tous, peuvent se rattacher des prévisions de convenances particulières. Les chances de la guerre peuvent être appréciées différemment; cette guerre serait heureuse ou malheureuse; malheureuse, le pouvoir disparaîtrait avec la force qui combattait pour lui; heureuse, l'esprit public grandirait de tout le succès obtenu par lui; heureuse, peut-on dire d'avance à qui la gloire en reviendrait? Ne pourrait-elle pas se personnifier dans quelque illustration nouvelle? — et cette illustration, pour qui vaudrait-elle! Quelque motivé de soi, que soit l'amour de la paix, ces éventualités peuvent se faire jour dans cet amour; c'est là un tort de la position, mais enfin la position est telle, et il faut se tenir en garde contre elle, et ménager d'autant plus la confiance.

On ne fait donc point au pouvoir un grief de son éloignement pour la guerre, de son amour pour la paix. Tout le monde pense et sent comme lui à cet égard; on lui reproche au contraire de se contenter de trop peu de paix, de la vouloir mal, de la chercher par des tempéramens qui prouvent trop, qui n'établissent la confiance nulle part, et font de la paix, un accident plutôt qu'un fait; les gens les moins faciles à emprunter, sont ceux à qui l'on prête avec plus de sécurité.

Vous faites l'autopsie, j'y reviens, de notre supériorité, et partiellement sur chaque point, vous trouvez ou moins, ou parité; essayez d'une autre méthode; ne procédez pas par analyse; n'allez pas des parties au tout; voyez l'ensemble; mettez-vous en face du fait, devant ce vaste corps si bien lié, si plein de vie, aux proportions de géant, aux pulsations si vives, si électriques; là ne sentez-vous pas vos raisonnemens en défaut? n'éprouvez-vous pas une influence, une réaction inconnue ailleurs? Comme nation, dans son actualité de vie, dans sa vivacité d'expression, dans sa nationalité d'émotions, la France ressemble-t-elle au reste? Si en masse nous ne sommes pas plus éclairés, où les lumières ont-elles mieux rajeuni, vivifié la physionomie d'un peuple, mieux fondu, mieux retrempé le patriotisme? Où la civilisation a-t-elle plus complètement, plus à son avantage affecté l'être collectif qu'on appelle nation? Où, sur une si grande échelle, a-t-elle produit un fait si puissant et si sympathique? Où, à découvert, en première ligne, force supérieure à toute autre force, a-t-elle mieux figuré l'esprit humain dans ses instincts d'avenir? Est-ce une chose commune que 34 millions d'hommes, les plus favorisés du ciel et de la terre, occupant en Europe une position géographique que l'on peut dire providentielle, parlant une même langue, animés d'un esprit, cédant à la même impulsion, et constituant à la fois la plus vaste agglomération sociale, et le corps politique le plus compact, le plus homogène, et le plus vibrant? Jamais, dans ces proportions, une nationalité si vive, si élastique, si intelligente, douée de tant de force et de vitalité, s'est-elle montrée dans le monde? La France est le fait le plus vaste, le plus simple et le plus complet de la civilisation. En contestant sa supériorité, on cède à son influence, on sent qu'il y a là une chose, une réalisation, d'où ressort un ascendant exceptionnel, une impulsion de puissance morale supérieure. Vis-à-vis d'elle, et vues rationnellement dans l'harmonie de l'ensemble, que sont les civilisations des autres peuples, celle même de l'Angleterre? Que de manque de proportions, que d'inégalités à faire disparaître! — que de lacunes à combler qui peuvent devenir des abîmes! Là, si les moyens sont grands, les causes sont partielles, accidentelles, transitoires, frappées d'anomalies, et seulement en France, dans la plénitude de ses motifs et de ses effets, la civilisation est toute au service de la volonté.

Je le crois, il y a quelque raison à cette supériorité que vous ne parvenez pas à vous prouver. Notre organisation d'homme, aidée des causes politiques, s'est mieux, et plus promptement, et plus universellement prêtée à l'action du progrès dans sa généralité. Ce progrès a agi sur la France comme sur un seul homme; et il a constitué dans ce pays,

la plus grande masse d'intelligence et de force, re-
trempée et dirigée par le plus de civilisation ; et si,
dans ce développement, la France eût rencontré un
gouvernement qui la comprît, qui n'eût point cherché
une réaction à son profit, qui, comme l'ancien ré-
gime, ne l'eût point tarie en exigences d'amour, et
d'abnégation ; comme la république ne l'eût point lassée en exaltation de dévouement et de patriotisme ;
comme l'empire ne l'eût point épuisée en exagération
de force et de sacrifices ; comme ce qui existe depuis
1814 à aujourd'hui, n'eût point tendu à l'user en ré-
surrection d'idées mortes, en réaction d'intérêts personnels impossibles, ce pays, il est permis de le
supposer, pouvait rester, non pas la supériorité relative de l'Europe, mais la dictature réglémentaire du
monde civilisé.

## M. B.

Il est tems de nous arrêter, car en poursuivant
de la sorte parallèlement, nous n'arriverions jamais.
Généralement d'accord dans les faits, il n'en est pas
ainsi dans les conséquences. Vous espérez quand
même, je suis sans foi quoi qu'il advienne, résumons-
nous.

Un pays où les soldats lisent la gazette, où les
bourgeois font l'exercice, où l'homme du peuple parle
de la transparence du ministère, où l'homme politique
voit de l'esclavage et de l'ilotisme ; où tous veulent
différemment ce que tous veulent ; où le national est
le seul journal conséquent, parce qu'il est le plus

extrême; où la cour cherche la force et la dignité dans la coupe d'un habit; où la représentation nationale fait victorieusement de l'éloquence et du patriotisme en faveur des culottes longues; où se voit, un roi sans royauté, des ministres sans ministère, trois pouvoirs sans unité, de la force sans équilibre; où les hommes d'état sont impossibles, les avocats inévitables; le jury, timoré jusqu'au sensibilisme; un pays, où une mauvaise littérature jette les esprits dans le faux, réchauffe des imaginations malades, et pousse les passions dans le drame, où l'agitation de tous repose sur le soulèvement du *moi* de chacun; où tous veulent être tout, et par l'égalité de droits, arriver à l'égalité de position; où à l'ombre de la centralisation, l'individualisme a gagné tous les esprits, effacé toutes les convictions; où les moeurs n'appuient plus, où les lois obligent à peine; où l'on vend son amitié, où l'on se fait payer sa haine; où l'homme est tout dans la parole, et ne vaut que par ce qu'il dit; où rien n'est vrai dans son influence, et n'est vrai que par son principe; où, ce qu'on appelle l'esprit public sait ce qu'il ne veut pas, et va à la découverte de ce qu'il voudra; où il n'y a de halte possible, et accidentellement, et pour peu de tems encore, que dans la lassitude qui suit l'excès. Un pays où la liberté a l'air d'une spéculation, où la popularité est une industrie, l'état un budget, le pouvoir un revenu; le devoir, le nom poétique des appointements; où toute force morale est éteinte, où seule, la foi à l'or est restée debout. Un pays, où 34 millions d'individus prétendant à des institutions républicaines, à des résultats démocratiques, vont les demander au siège des abstractions et des généralités; un pays enfin dont le coeur et la tête est une ville où tous les extrêmes se heurtent, où toutes les exagérations fermentent dans l'impatience du mieux, dans le rêve de tout le bien imaginable, où l'air est électrique, où la boue est du salpêtre, où il y a une passion dans chaque tête, une étincelle dans chaque pavé. Ce pays, dans son avenir, est insaisissable, inappréciable par la raison. Il échappe à toute prévision d'ordre et de durée. On voit là, le fait de l'existence, et non plus les principes de l'existence. Sans doute, dans sa vie positive, ce pays ne touche pas à sa fin, n'est pas menacé d'une destruction matérielle; les nations ne meurent pas, mais l'état social est sorti de l'esprit et des règles voulues, pour ne plus y rentrer; c'est dans ce sens qu'il est en dissolution, dans une dissolution si complexe et si ramifiée qu'il est impossible à l'imagination la plus vive, d'apercevoir des voies de salut, car ce n'est plus ici le soulèvement momentané des membres contre l'estomac, c'est un corps dont toutes les parties sont devenues tête. Tout le monde veut, personne ne consent. Le raisonnement au tranchant géométrique, veut fonder la vérité, par des conditions qui ne peuvent fonder que la déception. Ce raisonnement ne croit qu'à lui, n'a foi qu'à sa ligne droite. Politiquement, il ne voit dans la vie qu'un intérêt, et dans l'homme qu'une machine à vivre. Il a des tendances, il prétend à des résultats dont l'application ne serait possible que s'il était possible que chaque ville de la France devînt un gouvernement, et que l'unité de la France s'en trouvât mieux. On ne doit pas se lasser de le dire, hommes et choses s'usent en effet chez vous, dans des contradictions, des impossibilités. Vous cherchez l'ordre dans les conditions du désordre; des bornes, dans ce qui n'a pas de limites. Vous tuez l'état social pour lui dire: Marche. Est-ce là une nécessité des choses humaines, une inévitabilité des tems? La France est-elle parvenue au point d'une solution de continuité voulue pour l'avenir du monde, et cet avenir, est-il un mystère de la Providence? Nous l'ignorons; mais vu humainement, nous ne savons comment nommer et figurer cet avenir; nous ne pouvons l'apprécier que négativement par ce qu'il ne sera pas, par ce qu'il ne peut pas être; nous ne pouvons que le craindre et le repousser. Or, lorsque l'espérance n'est au bout d'aucune prévision, que chaque pas mène à l'inconnu, il semble que tout ce que peut la prudence humaine, c'est de gagner du tems, et que le système alors qui fait durer, est le seul praticable. Mais je l'avoue, ce système, lui aussi, il est de son tems, il n'est pas pur d'individualisme; il veut son bien propre avant tout, ne défend bien que sa place, et fait bon marché du reste. Son souci est d'échapper seul du naufrage, et il s'use à être habile. Aussi, l'homme sans esprit de parti, sans passion, qui loin de votre scène politique, en dehors de votre atmosphère nationale, se fait effort pour pénétrer, pour résoudre la France, et découvrir en elle quelques minces lueurs d'espoir, désappointé quoiqu'il en ait, et malgré la gravité du sujet, en vient à se rappeler involontairement ce vers d'une de vos comédies:

„Ma foi, juge et plaideurs, il faudrait tout lier.“
Sans nier généralement les causes, vous amoindrissez les effets. Puissiez-vous avoir raison! Voyons donc votre ultimatum, et veuillez à votre tour résumer et conclure.

## M. A.

Conclure! c'est un grand mot. Vous n'espérez pas, et vos conclusions sont faciles. Je ne désespère point encore, mais je ne peux pas parler aussi positivement de ce qui peut être, de ce qui sera. Je ne mettrai donc point une affirmation sur votre négation; je me bornerai, dans votre sombre et trop véridique tableau, à trouver le point d'où peut jaillir la lumière.

Et d'abord, s'il ne s'agissait pas de la France, et que ce que vous dites d'elle fût vrai d'un autre pays, n'est-il pas hors de doute, que ce pays tombé si bas, éprouverait actuellement toutes les misères et les horreurs d'une anarchie flagrante; qu'il serait, non pas menacé de dissolution mais en dissolution patente, complète, irrémédiable. Il n'en est pas ainsi de la France; malgré ce qui lui manque, ce qu'elle n'a plus, l'invasion des idées, l'exigence et générale et contradictoire des esprits; malgré tous les vices moraux et sociaux qui vous frappent en elle, le désordre est relégué dans les régions politiques. La vie nationale s'accomplit avec satisfaction; le pays s'avance incontestablement dans un bien-être progressif. Voilà neuf ans que cet état de choses dure; neuf ans les plus difficiles, les plus menacés d'épreuves délicates, de nouveautés dangereuses. La prospérité nationale néanmoins s'est bien positivement accrue dans ce laps de tems; et si quelque cause violente, indépendante de la volonté, comme la guerre, et également subversive pour tout le monde, ne vient pas à se présenter, cet état de chose peut durer autant, et plus peut être, que ce qui lui est opposé. Il y a une raison à cela. Il faut que dans cette société si menacée, si irrévocablement condamnée, se trouve quelque part, en dehors de la politique et de l'influence gouvernementale, un appui et des mobiles d'action, plus puissants encore que les causes de désordre ne sont actives. Ce principe de vie, cette force conservatrice, elle est dans les intérêts matériels. Les intérêts matériels voilà, bien réellement l'ancre et la boussole de la France. Vous voyez je crois la nation trop dans son gouvernement, trop dans la région des idées; vous la supposez plus politique qu'elle n'est en effet. Loin de là; sa ferme volonté, sa tendance journalière est de vivre par elle, d'être gouvernée le moins possible. Le soin des intérêts positifs, le souci du bien-être, par la gestion de ses affaires propres, la déterminent bien autrement que des motifs de politique ou d'affection, aux causes générales. Il suffit au pays que le gouvernement ne soit pas, ou décidément hostile, ou violemment menacé, et ces deux conditions remplies, il ne rattache plus son existence à la sienne, et reste fort indifférent à ses tribulations. Il n'y a plus chez nous de matière inflammable, purement nationale, au service des personnes, des idées et des abstractions. Les passions et les motifs isolés, soit de la presse, de l'opposition, ou du gouvernement, quelque fâcheuse complication qu'ils puissent faire surgir, ne parviendront pas à passionner gratuitement le sol, à entraîner les intérêts matériels, parce qu'au fond, la France ne sent que le besoin d'être administrée, et que la question gouvernementale, dans ce qu'elle a de spéculatif, lui est devenue fastidieuse. Il n'y a là de choix, de préférence, de volonté, qu'en raison de ces intérêts et comme ils sont identiques, généraux, communs à tous, qu'ils ont partout les mêmes besoins, et veulent de même partout; ils constituent une force supérieure à toute autre force. Vis-à-vis d'eux, le gouvernement reste nécessairement en seconde ligne; il n'est plus cause, il est effet ou il n'est rien. Le pays va seul, il chemine sous leur garantie et leur moralité. Je dis moralité, car les intérêts matériels sont éminemment des intérêts de conservation, et c'est parce qu'ils sont de conservation, que malgré les vices de l'époque, l'imperfection des choses, la corruption des hommes, et à travers les perturbations de l'ordre politique et de l'ordre moral, ils se présentent comme une base rassurante pour l'état social l'avenir.

6 *

La France s'use occasionnellement dans les hauteurs du mouvement politique; mais au fond, elle se meut, elle grandit sur le terrain des intérêts pratiques; en un mot, et pour parler votre langage, il n'y a dans ce pays qu'un élément révolutionnaire doué de force; ce sont les intérêts matériels; ils résisteront victorieusement à tout, et rien n'aura lieu que par eux et pour eux.

La question s'éclaircit, les idées sur l'avenir plus étendues, sont moins sombres, moins désespérantes, dès qu'on ne fait pas de la France un fait exceptionnel, un cas purement français, et que dans son avenir on voit la question du monde. La France est la plus avancée, la mieux préparée pour tenter la route; elle se présente comme le porte drapeau, mais elle ne cède pas à des inquiétudes, à des travers d'esprit, à des idées restreintivement françaises. Ces tristes motifs peuvent apparaître comme une ombre qui obscurcit, sans détourner de la voie cherchée. La France ne s'avance que poussée par ses intérêts positifs; elle peut se risquer avec moins de difficulté et de danger, car Elle, Elle a passé sur les décombres de ce qui était; Elle a passé par le pêle-mêle de la liberté, par la balance de l'égalité, par le terrible lit de Procruste, mais ce qu'elle veut un peu plus tôt, un peu plus tard, tout le monde le voudra; un jour, tout le monde fera comme elle, non par imitation, non parce qu'elle en aura donné l'exemple, mais parce que la première, elle se sera trouvée dans la voie de l'humanité, qu'elle aura atteint cette époque, ou les convictions raisonnées de l'homme veulent faire sortir l'état social de la sphère des fictions, pour l'asseoir sur la base solide des intérêts matériels. A cet égard, la France prend seulement l'initiative ; elle agit quand les autres pressentent, ou si vous le voulez, elle a le mal dont l'Europe a les symptômes.

Or, ces tendances, ces intérêts, mûris par la civilisation, et poussés en avant par le progrès, se pourrait-il qu'ils ne conduisissent qu'au désordre et à la dissolution, parce que dans leur développement, ils froissent nos vieilles idées d'ordre et de vitalité ? Dans ce qui au moment préfix est senti par tous, voulu par tous, et se montre comme la conséquence de plus de lumières, de plus de bien-être ; dans ce mouvement général, sympathique, irrésistible, qui pousse les masses et les émeut, sous la conviction et les exigences de leur bonheur, n'y a-t-il pas quelque chose de providentiel ? — et juger leur avenir en désespoir d'esprit, ne serait-ce pas obéir à sa sensibilité plus qu'à sa raison ? Dans votre peinture de l'époque, vous dites vrai ; mais voyez-vous juste ? Sans doute, un ordre social où l'homme physique tient le plus de place, où le travail est la mesure commune de tout, dont le grand mobile est l'intérêt mis à nu ; où l'intelligence n'intervient que sous la forme de calcul ; où la vie individuelle chez tous se restreint au cercle des intérêts positifs ; où le gouvernement à l'intérieur n'est qu'un mode de surveillance ; où les illustrations, les hautes destinées, les grands talents ne trouvent plus leur atmosphère; où les nobles passions n'ont plus d'aliment; où toute inégalité de position disparaît; où l'on n'est dissemblable que par plus de richesse: un ordre politique sans poésie pour l'imagination, sans broderie pour les yeux; où le bonheur de l'être moral enfin, ressemble au bien-être de l'animal raisonnable; cet ordre social, nivelé, décoloré, il est vrai, froisse le cœur et pèse sur la pensée. De ce que l'homme perd en élévation en gagnant en bien-être, nous sommes portés à conclure qu'il se fourvoie, qu'il marche à la dissolution; il nous semble que là n'est point cette part complète de bonheur dont notre double nature rêve la réalisation. Nous regrettons cette réaction morale, ces mouvemens de l'âme, ces motifs d'émulation, ces fermens de grandeur, en qui nous plaçons le siège de la vie et des jouissances. Jusqu'à ces regrets je pense comme vous. J'aime mieux vivre aujourd'hui que dans cent ans; mais tout cela peut être vrai pour les individus, et n'être pas vrai pour les masses; peut être vrai pour un tems, et n'être pas vrai pour tous les tems. Mais ce n'est point ici une question de choix et de préférence, c'est une question de froide prévision. L'homme positif a pris le pas sur l'homme sensible, la tête a reglé le cœur, la raison a fait la part de l'imagination. Mille qui ne souffrent plus, importent davantage que quelques uns qui jouissent moins. Or, quand l'intérêt est devenu la plus forte conviction de l'homme, n'est-il pas hazardeux de dire qu'il n'y a pas une époque dans la vie des nations, où la société puisse s'asseoir sur cette conviction, aussi sûrement qu'elle s'est assise sur la fiction qui en tenait lieu.

L'avenir peut donc nous paraître peu sympathique, sans que nous puissions, sous l'anathème des idées, qui jusqu'ici ont montré l'ordre et la durée dans l'influence et la fixité des institutions politiques, juger irrévocablement cet avenir, et le stigmatiser de dissolution.

Si maintenant, vu moins généralement, nous restreignons cet avenir dans la question pendante du moment présent, dans ce qui pourra prochainement suivre, j'avoue qu'ici, il s'agit moins d'affirmer que d'espérer, et que la confiance au bien repose uniquement sur ce qu'il est possible.

Pourquoi depuis 1830, les causes désorganisatrices ont-elles marché avec tant d'activité? Faite au pays, les neuf dixièmes de la nation répondront à cette question par un acte d'accusation contre le gouvernement. „Le pouvoir, vous diront-ils, n'a vu que „lui, n'a pensé qu'à lui. Il a compromis l'avenir au „profit de son présent; comme un homme sans souci „de ses héritiers, il a accru le revenu, au détriment „du capital; en un mot, il a tout fait pour vivre, plu„tôt que pour durer. Il s'est dit: Qu'est-ce que le „gouvernement monarchique représentatif dans sa sin„cérité? C'est l'expression de la majorité parlementaire. „Qu'est-ce que la majorité parlementaire? C'est la „moitié des voix, plus une. Donc, si j'ai une voix, „deux voix de plus en ma faveur, je gouverne et je

„suis dans la sincérité des institutions; et aidé des
„restrictions du cens électoral, de l'ampleur du budjet,
„trouvant en lui-même des qualités éminentes, travaillé
„du besoin de faire, de se produire, aimant le tracas,
„la discussion, sachant tout, ayant de l'esprit et du
„tems pour tout, il est aisément parvenu à se donner
„ce mince avantage du nombre et à fixer sa supério-
„rité comme un fait, qu'il n'y avait pas moyen de ne
„pas subir; mais, hommes et choses ont pâti de cette
„influence, et le gouvernement n'a pu à la fois être plus
„habile et plus moral; par là, la ligne courbe est de-
„venue la ligne droite; la forme est devenue l'esprit;
„par là, l'excitation à l'intérêt, la provocation à l'in-
„dividualisme sont restées l'arme du pouvoir, et depuis
„neuf ans, il gouverne en comptant sur ses doigts et
„pesant les consciences. Par là aussi, dans neuf ans,
„la morale publique et le caractère national ont plus
„souffert, plus perdu, que durant quarante ans de vio-
„lences et de révolutions. Ce qui nous manque, ce
„que nous n'avons plus, notre foi, nos convictions,
„notre probité politique, demandez-les au gouvernement;
„c'est lui qui nous a tout pris; notre nudité morale est
„la nécessité de son système; pour qu'il soit préférable,
„il faut que nous soyons indignes d'avoir raison.“

„Vous direz que c'est la passion qui parle ainsi;
„que nos têtes françaises se montent aisément, et que
„le sentiment déborde chez nous en exagérations. Eh
„bien, sortez de la France, allez à l'étranger; faites par-
„ler ceux mêmes qui ont une opinion hostile à la nôtre,
„sans doute, ils nous reprocheront des torts graves,

„des contradictions, des volontés au-dessus des nos
„forces; des exigences en sens contraire de la rai-
„son; mais faites-les se prononcer sur le gouverne-
„ment, et vous verrez, que s'ils n'ont pas foi à la
„nation, ils n'ont guères plus de confiance dans l'ex-
„périence essayée sur elle; vous verrez, qu'en face
„de l'obstacle ils jugent comme nous, la misère du
„moyen, comme nous, que l'habileté aujourd'hui peut
„fausser la force, et non pas la remplacer; et que,
„jouer avec le mal, c'est l'empirer en effet. Vous les
„verrez convenir que le gouvernement n'a ni résolution
„dans le caractère, ni énergie dans la pensée; qu'il
„redoute sa propre force autant que celle des autres,
„et que, sans inspirer nulle part ni crainte, ni con-
„fiance, croyant seul à son adresse, il s'use sans
„résultat à être habile sans espérance. Vous expli-
„querez pourquoi la France, jamais si riche, si puis-
„sante chez elle, n'a jamais été si petite chez les
„autres; pous verrez que la diplomatie étrangère a tâté
„le pouls à la nôtre et s'est posée en conséquence.‘‘
„Cette manière d'être au dehors, était la consé-
„quence de la façon d'agir à l'intérieur. Un système
„qui divise, qui énerve, qui efface, ne pouvait pas
„être un moyen diplomatique. Par cela qu'on avait
„préféré d'être habile, on s'était décidé d'être faible.
„Singulière habileté vraiment que celle dont l'effet
„est de fausser l'arme qui doit défendre! Singulière
„habileté, que celle qui, pour tirer parti des hom-
„mes, évoque contre soi ce qu'il y a de plus irri-
„table en eux, l'orgueil national. Le gouvernement a

„assumé sur lui une grande responsabilité; il n'aura
„surpris le présent que pour empirer l'avenir; il n'aura
„gagné du tems que pour perdre la partie, et peut-
„être la faire perdre à la moralité des principes.
„Sans doute, le pouvoir est trop clairvoyant pour ne
„pas avoir jugé les tendances et les dangers de sa
„marche; mais il a par-devant lui un argument qu'il
„croit irrésistible et propre à parer, et à le sauver
„de tout; il dit: Ma garantie, ma nécessité d'être,
„c'est la crainte de ce qui me suivrait; et il soit dit
„à l'honneur du pays, l'argument est incontestable; la
„France ne veut rien par commotion, et elle ne
„veut que ce qui existe autrement inspiré, mais faut-
„il de la peur du pire se faire un motif de sécurité
„et un moyen de gouvernement?‟

Ces allégations sont outrées sans doute, je suis
tout disposé à le croire; il est juste de dire que la
nécessité a pesé sur le pouvoir; mais il se peut
aussi qu'on ait usé de cette nécessité, comme on
abuse d'une chose que l'on aime, et que ce qui devait être remède, soit devenu aggravation chronique.
C'est à cette circonstance seule que des motifs d'espoir
peuvent se rattacher, non pas qu'on attende des hommes, qu'on pense que sagement ils puissent voir le
plus et le mieux dans le moins. Ne mettons d'espoir,
ne voyons de chance heureuse possible que dans les
choses.

L'esprit public de la France est arrivé à cette
limite extrème de la forme monarchique constitutionnelle, où tout se fait encore au nom de la royauté,

mais où rien ne se fait par elle, où le pouvoir ministériel gouverne en effet. La réforme électorale en principe n'est que le moyen d'asseoir ce résultat. Par cette réforme on ne prétend pas amener dans la chambre plus de lumières, plus de patriotisme, mais seulement plus d'indépendance, plus d'éléments à la formation du pouvoir ministériel, comme l'état du pays en fait un besoin. Croyez qu'en réalité la question est moins entre la Royauté principe et la nation, qu'entre la Royauté et le pouvoir ministériel qui veut se fonder; et que la nation n'intervient que pour faciliter les voies à l'avénement de celui-ci. On ne peut arriver à ce pouvoir dans sa vérité, distinct quoique aux couleurs de la royauté, par qui seul aujourd'hui chez nous le gouvernement monarchique constitutionnel peut aller, peut durer, on ne peut y arriver que par la réforme électorale, et voilà pourquoi cette question dans son principe gagne tous les jours et une fois sera inévitable. La royauté dès aujourd'hui ne peut l'éloigner, l'amortir dans l'avenir que par des ministres qui personnellement sauraient se donner cette indépendance d'action dont la réforme veut nécessairement doter le ministère, et qui en quelque sorte en amoindriraient accidentellement l'urgence, parce qu'ils paraîtraient la suppléer. Un pareil ministère qui présenterait en partie du moins l'effet cherché par la réforme sans les chances inquiétantes de son application, serait sans doute une combinaison très désirable; mais ce ministère est-il probable, et dans tous les cas pourrait-il être définitivement rassurant?

Dans l'état des choses comme elles sont faites, il accuserait une exception, une conquête; sa base serait toute dans son individualité, sa garantie toute dans sa supériorité personnelle; il serait un fait isolé, il ne serait pas la conséquence, la nécessité de la règle, et il resterait vrai que la réforme seule pourrait donner la certitude de la continuation, de la naturalisation de son système au pouvoir. Au reste, ce ministère au fond serait un argument en faveur de la question électorale, il semblerait dire: je suis arrivé par l'impossibilité de ne pas m'accepter tel jour, faites en sorte que cette impossibilité devienne une nécessité de tous les jours. Ainsi, de façon ou d'autre, les motifs de la réforme en ce sens qu'elle tend à retremper la représentation constitutionnelle, qu'elle veut fonder librement le pouvoir ministériel, et l'habileté gouvernementale doivent une fois se trouver en présence, et cette éventualité peut seule mettre à même d'asseoir son jugement dernier sur la France. Elle décidera d'abord si le pays a plus de volonté que le pouvoir n'a d'habileté, et bientôt si c'est le pays qui est mal gouverné, ou s'il est incapable de l'être mieux. Elle décidera enfin le problème pendant depuis neuf ans entre la cause et l'effet, entre ce qui a été et ce qui peut être. La réforme électorale repoussée toujours, nous restons dans l'éventuel, dans le provisoire, nous poursuivons dans l'attente sous le gouvernement assemble-nuages; résolue au profit du pouvoir ministériel, les choses peuvent se faire autres et là je l'avoue, gît réellement tout l'espoir de l'avenir.

Il est des personnes qui verraient cet avenir moins exposé sous la garantie d'une haute pensée directrice, qui pensent qu'il est dans la nature des choses de se faire à une supériorité de vues, de raison et d'habileté, quelque part qu'on la trouve, et qu'il est sage d'en subir l'influence même à l'égard d'un pouvoir constitutionnel. — La réponse est aisée. Comment se fait-il qu'une supériorité si incontestée, que des inspirations d'un ordre si élevé, depuis neuf ans ne soient parvenues chez nous qu'à animer des ministères de courte vie et de courte vue? Il faut donc que dans les nécessités du tems, il y ait quelque chose qui dénature et neutralise le bienfait de ces hautes prévisions, et puisque la raison commune ferait tout aussi bien, on peut sans scrupule rester inférieur et indépendant. — Nous pensons donc que l'impossibilité à se refuser au pouvoir ministériel, à le fausser, que la fondation de ce pouvoir, mettant la royauté hors de cause, en fonctionnant dans l'esprit des institutions est à la fois et la dernière épreuve à faire, et la seule chance d'espoir pour l'ordre politique en France. Nous pensons que cette nouveauté il faut la désirer et la croire possible, dans l'intérêt de tous, dans l'intérêt surtout de la royauté; car au point où nous en sommes, la royauté chez nous s'use à gouverner, comme le pouvoir ministériel s'use à ne gouverner pas; car la volonté nationale ne se lassera pas de revendiquer l'indépendance ministérielle contre les ministres eux-mêmes. Chaque tentative de sa part sera un coup de bélier, et victorieuse une fois, il peut être à craindre que la tenacité de la lutte ne la pousse à des mesures de précaution exagérées et dangereuses à cette juste portion d'indépendance dont la royauté doit être inviolablement armée. Il peut être à craindre qu'un jour, la part faite à cette royauté soit en raison inverse de la part qu'elle s'est faite, et que le système actuel eût sacrifié à la royauté qui gouverne, la royauté qui dure. En politique, comme dans la bible, les générations sont solidaires, et l'avenir expie le passé.

Je me résume. — La fondation du pouvoir ministériel est une chance d'espoir et peut rester une garantie d'avenir, et la réforme électorale est le seul moyen rassurant d'arriver à la vérité de ce pouvoir. Cette transition peut faire naître des complications, mais une fois il y aura nécessité à voir le salut par elle, mais rien n'établit à priori qu'elle ne puisse être que subversive, qu'elle ne puisse pas rencontrer ce qu'elle cherche, le pouvoir ministériel dans sa sincérité; et qu'assis sur ce pouvoir, l'état politique s'il n'échappe pas encore aux tempêtes, évite au moins le naufrage. Quant à l'état social, il est en dehors de cette éventualité; il n'est plus lié solidairement à l'état politique; il n'en est plus l'effet nécessaire; il vit de lui même, et quoiqu'il arrive, il n'est point menacé de dissolution; les intérêts matériels répondent de lui! — les troubles politiques de la France ne sauraient enfanter une révolution sociale.

## M. B.

Un dernier mot: vous voyez un arrière espoir: vous ne croyez pas à l'impossibilité de ce qu'on appelle chez vous le gouvernement parlementaire. Ce gouvernement comme on l'entend en France est en réalité celui où la royauté est une idée, le ministère une chose, et la majorité la seule force; c'est-à-dire celui où la majorité gouverne réellement par les ministres de la royauté. Cette sorte de gouvernement comme règle n'est réalisable que par une majorité forte, compacte, homogène, se déterminant et voulant toujours avec la sagesse et la réflexion d'un seul homme. Si cette combinaison était possible, venait à se constituer avantageusement comme fait, on ne voit pas pourquoi elle ne tendrait pas à s'établir dans le droit, dans la sincérité patente du gouvernement démocratique. — La royauté en effet serait devenue si accessoire dans cet ordre de choses, même quant à la forme, que probablement elle finirait par s'éteindre d'inutilité; le gouvernement parlementaire, tel qu'on le cherche, par cela qu'il serait plus satisfaisant, plus réel, ressemblerait beaucoup à un préliminaire, à une inquiétante transition.

Mais de toutes les hypothèses imaginables, la supposition de ce gouvernement semble être chez vous la plus éloignée de la vérité; les majorités en France ne tendent sûrement pas à se fondre, à s'unitiser, bien au contraire, là même où il paraîtrait y avoir sympathie, elles se scindent, se fractionnent. Le pouvoir, quel qu'il soit, n'y est actuellement possible que par l'appui flottant de bouts de majorité ; on cède à la nécessité, on ne cède pas à ses convictions ; on se passe la rhubarbe et le séné, non pas pour se guérir mutuellement, mais pour se donner passagèrement le même mal. Dès qu'une opinion atteint le pouvoir, elle s'y décompose comme le faisceau solaire sur le prisme ; il n'est donné à aucun de dire : j'y resterai, car les conditions pour y rester dès demain peuvent se faire contradictoires ; la réforme électorale, même consentie comme remède à certains égards ne ferait que déplacer les opinions et porter la lutte en avant ; elle jeterait plus de combattants dans l'arène, plus de drapaux dans la mêlée, sans plus de vérité dans le résultat. La France semble irrévocablement condamnée à s'agiter dans le gouvernement de tout le monde, sans la force de personne.

Y a-t-il à espérer que le mouvement des choses une fois amène au pouvoir des hommes assez forts pour imposer leur influence aux majorités parlementaires, pour en quelque sorte les personnifier, les identifier en eux, et sans froisser leur liberté de volonté, déterminer leur liberté d'opinion ? Un ministère enfin qui conquière de haute raison et de haute nationalité l'appui constant de la chambre élective ? Cette éventualité n'est guère présumable ; les ministres vivent bien vite chez vous ; le fardeau du jour est bien pesant pour s'occuper de demain ; là on passe la moitié de la vie ministérielle à penser à ce qu'on dira, et l'autre moitié à le dire ; quel que puisse être le mérite personnel des individus, ils n'ont ni le tems ni l'occasion de se dessiner, d'avoir un système; le principe de leur force n'est pas en eux, ils tombent ou ils vont comme on les pousse, et ceux-là seuls ont plus de chances d'avenir qui ont la tête dans le ministère et les pieds dans la rue. Dans un pays où tout s'est broyé au profit des individus, où chaque point veut devenir centre, il n'est pas à espérer qu'une impulsion contraire se montre, et soit en état de faire sortir le colosse gouvernemental de cette poussière d'individualités.

L'état de la France ne laisse prévoir que des faux pas en avant. Vous semblez destinés à des secousses et à de l'inconnu; la fin n'est rassurante pour personne, les moyens sont allarmants pour tout le monde. Si le gouvernement parlementaire que vous attendez vous laisse où vous êtes, on se battra pour les positions; s'il veut vous mener ailleurs, on se battra pour la direction. La présence de ce gouvernement est un symptôme inquiétant; il semble se montrer comme une expérience *in articulo mortis*. En France la pairie est nulle, la royauté insuffisante, la majorité vraie impossible; — tout cela constitue un état politique sans principe en lui, sans garantie hors lui, qui ne dirige rien, attend les événements, fait éprouver cette sorte d'anxiété qui restreint l'espérance au moindre mal, et montre peut-être dans ce qui existe, comme il existe, la chance encore la plus désirable; et pourtant plus cet état de choses dure, plus le pouvoir s'use, plus le caractère national s'altère, les convictions s'effacent, les hommes se font égaux parce qu'ils perdent, — plus la nation est menacée dans sa personnification morale. Comment sortir de ce cercle vicieux ? Est-il une prévision humaine qui puisse y découvrir une issue satisfaisante ? Il serait peut-être tout aussi rationnel d'assurer qu'à tel jour le baromêtre s'arrêtera au beau fixe. — En France, politiquement vivre, c'est être demain encore.

## M. A.

Nous discutons et le monde marche; il marche dans la voie qu'il s'est faite vers le but qu'il veut atteindre, car la société comme l'individu finit toujours par se plier à la condition de son existence; et si la vie n'est possible que par le pouvoir ministériel dans sa vérité, ce pouvoir se fondera. Il se peut que dans le raisonnement nous prenions des inconvénients, des dangers, des conditions d'accomplissement pour des impossibilités, que nous fassions l'avenir trop étroitement commensurable par le passé. L'esprit de l'homme éclaire mieux ce qui est derrière lui qu'il ne réfléchit ce qui est devant; le progrès ne se meut pas sous la conséquence obligée des antécédents; il change les idées comme il déplace les forces; il peut amener telle combinaison, établir tel fait dans la pratique de la vie sociale, que le raisonnement *a priori* prouvait contradictoire, non réalisable; et que de choses probablement dont il fera dire qu'elles ne sont possibles que par ce qu'elles existent.

www.ingramcontent.com/pod-product-compliance
Ingram Content Group UK Ltd.
Pitfield, Milton Keynes, MK11 3LW, UK
UKHW020940140726
13695UKWH00003B/1106